Sarah Kohl

Escape-Rooms und Breakouts: Biologie, 5. – 7. Klasse

6 spannende Escape-Games für den Biologieunterricht

Die Autorin

Sarah Kohl ist Lehrerin für Biologie, Deutsch und Sport in Hessen. Sie ist Autorin zahlreicher Publikationen und übte eine mehrjährige Lehrtätigkeit an der Justus-Liebig-Universität aus. Sie ist Referentin für Fortbildungen im Sport, Lehrwartin im Schwimmen und ehemalige Leistungsschwimmerin.

2. Auflage 2023

AAP Lehrerwelt GmbH
Veritaskai 3
21079 Hamburg
Telefon: +49 (0) 40325083-040
E-Mail: info@lehrerwelt.de
Geschäftsführung: Christian Glaser, Sandra Saghbazarian, Robin Schlenkhoff
USt-ID: DE 173 77 61 42
Register: AG Hamburg HRB/126335

Wir verwenden in unseren Werken eine genderneutrale Sprache. Wenn keine neutrale Formulierung möglich ist, nennen wir die weibliche und die männliche Form. In Fällen, in denen wir aufgrund einer besseren Lesbarkeit nur ein Geschlecht nennen können, achten wir darauf, den unterschiedlichen Geschlechtsidentitäten gleichermaßen gerecht zu werden.

Autorschaft: Sarah Kohl
Coverillustration: © Kevin Carden_stock.adobe.com
Covergestaltung: TSA&B Werbeagentur GmbH
Satz: Typographie & Computer, Krefeld
Druck und Bindung: Druckerei Joh. Walch GmbH & Co KG, Augsburg

ISBN: 978-3-403-20808-2
www.persen.de

Escape-Rooms im Biologieunterricht

Ob in eigens dafür gestalteten Räumen und Gebäuden oder als Brett- und Kartenspiel, sogar als Bücher – Escape-Games zählen zu den beliebtesten Freizeitbeschäftigungen für Jung und Alt. Allen Spielform gemeinsam ist, dass sie die Spielerinnen und Spieler in ein brenzliges Szenario mithilfe von einer Geschichte versetzen, z. B. in einen verlassenen Leuchtturm, aus dem sie wieder herausfinden müssen. Dazu müssen Rätsel gelöst werden, die schrittweise durch Zahlencodes den Lösungsweg offenbaren. Je schneller alle Rätsel gelöst werden, umso besser! Der Wettlauf gegen die Zeit motiviert. Optional kann eine Art Bestenliste erstellt werden, die die Rangliste der schnellsten Escaperin und Escaper aufführt.

Auf der Grundlage zentraler Lehrplanthemen entsteht durch die Escape-Room-Game-Methode in diesem Material ein moderner, motivierender und kompetenzorientierter Unterricht. Schülernahe Einstiegsszenarien schaffen einen thematischen Rahmen, bevor dann spielend und selbstorganisiert in kleineren Teams die biologischen Inhalte durch das Lösen der Rätsel erarbeitet, wiederholt oder vertieft werden. Durch die Teamarbeit werden insbesondere auch soziale Kompetenzen gefordert und gefördert. Ziel jeden Escape-Rooms ist es, die fünf darin enthaltenen Rätsel zu lösen, indem man den Code herausfindet und so zum nächsten Rätsel gelangt. Das letzte Rätsel schließt die Geschichte ab und entlässt die Gruppe aus der brenzligen Situation. Wenn Sie es möchten, kann das Spielende mit der Vergabe einer Urkunde zelebriert werden. Ein Muster einer solchen Urkunde finden Sie auf der letzten Seite. Zu jedem Escape-Room liegen Hinweiskarten auf zwei Niveaus vor, die bei Bedarf genutzt werden können. Sie helfen beim Lösen, geben sie aber nicht vor. Die Lehrkraft rückt nach der Organisation des Escape-Rooms in den Hintergrund und steht beratend sowie für Fragen und Probleme bereit. Zu allen Rätseln gibt es Musterlösungen, die den Rätselnden bei Bedarf ebenfalls zur Verfügung gestellt werden können, z. B. versteckt oder nicht direkt sichtbar. Auf keinen Fall sollte dadurch jedoch die Motivation eingeschränkt werden.
Escape-Games lassen sich besonders gut zum Abschluss einer thematischen Einheit oder zur Ergebnissicherung einsetzen. Eine an das Spiel anschließende Reflexionsrunde kann darüber hinaus hilfreich sein, um etwaige Fragen und Unsicherheiten abschließend zu klären.

Organisation eines Escape-Rooms

Vorbereitung:

- Das Material (d. h. die Schriftstücke Spielbeginn und Spielende, die Rätsel 1–5 sowie die Hinweise) pro Kleingruppe einmal kopieren, ggf. zusätzlich laminieren für einen erneuten Einsatz im Unterricht. Auch die Lösungen bereithalten oder je nach Einsatz (Selbstkontrolle am Schluss, Hilfestellung etc.) in entsprechender Anzahl kopieren, ggf. laminieren.
- Das erste Rätsel wird pro Gruppe offen im Klassenraum deponiert.
- Außerdem benötigen Sie pro Gruppe 15 Briefumschläge:
  - Vier Briefumschläge jeweils mit den Rätseln 2–5 bestücken und jeweils mit dem richtigen Code beschriften, also dem Code des vorangegangenen Rätsels.
  - Einen Briefumschlag mit dem Schriftstück Spielende bestücken und mit dem Code des fünften und damit letzten Rätsels beschriften.
  - Fünf Umschläge mit falschen vierstelligen Codes (selbst ausdenken oder mit Zahlendrehern im Vergleich zu den korrekten Codes) beschriften und je mit einem Zettel bestücken, auf dem ein rotes X oder die Nachricht „Falscher Code!“ steht.
  - Fünf weitere Briefumschläge enthalten die zwei Hinweiskarten pro Rätsel. Auch diese Umschläge sollten entsprechend beschriftet werden.

Alternativ zu den Umschlägen mit den Codes und zum Überprüfen der korrekten Codes können Kisten mit angepassten Zahlenschlössern eingesetzt werden. Das macht das Spielerlebnis oft noch etwas schöner.

Durchführung:

- Erklären Sie, wie heute gearbeitet wird, was ein Escape-Game ist und dass das Ziel jedes der fünf Rätsel ist, einen vierstelligen Code herauszufinden, der dann zum nächsten Rätsel führt. Zeigen Sie, wo sich die Umschläge bzw. Kisten befinden.

- Erläutern Sie bzgl. des Materials, dass bei gestrichelten Linien immer geschnitten und bei gepunkteten Linien immer gefaltet werden muss. Kleber, Schere, Papier und Stifte sollten Sie ebenfalls bereitlegen.
- Stellen Sie klar, dass in allen Zahlencodes die Ziffern 0–9 vorkommen. Die Zahl 10 wird mit 0 eingetragen.
- Erklären Sie den Einsatz der Hinweise: Sollte in der Gruppe keine Lösung oder der falsche Code gefunden werden, können pro Rätsel zwei Hinweise selbstständig genommen werden. Der zweite Hinweis darf erst nach dem ersten Verwendung finden.
- Um den Escape-Room als Wettkampf zu gestalten, können die Gruppen gegeneinander spielen. Zusätzlich kann die Zeit gestoppt werden und ein Timer ggf. für alle sichtbar mitlaufen. Soll es so gemacht werden, teilen Sie es Ihrer Lerngruppe mit und bereiten es entsprechend vor.
- Teilen Sie die Lerngruppe in Kleingruppen mit drei bis fünf Personen ein.
- Lesen Sie die Einstiegsgeschichte vor. Händigen Sie danach jeder Gruppe das Schriftstück Spielbeginn und das erste Rätsel aus bzw. zeigen Sie den jeweiligen Gruppen, wo Sie diese Startmaterialien finden.

Nachbereitung:

- Regen Sie an, dass alle Gruppen zunächst intern über den Ablauf und die Inhalte des Spiels reflektieren. Die Lösungen können hier ggf. zur Selbstkontrolle an die Gruppen ausgegeben werden.
- Es lohnt sich außerdem, eine kurze Reflexionsrunde mit der gesamten Lerngruppe zu machen, in der Tipps und Tricks, Schwierigkeiten und Erfolge besprochen werden.

Das Museum des Grauens – Einstiegsgeschichte

***Hinweis für die Lehrkraft:** Die Einstiegsgeschichte den Schülerinnen und Schülern zu Beginn des Spiels vorlesen.*

Heute steht ein Ausflug in ein Museum an. Eure Lehrerinnen und Lehrer haben euch aber nicht verraten, was genau es für ein Museum ist. Hoffentlich haben sie etwas Vernünftiges rausgesucht, denn meistens fandet ihr die Museen langweilig und blöd, in denen ihr wart.
Nach einer langen Busfahrt kommt ihr endlich an. Ihr steigt verschlafen aus dem Bus aus. Noch ist weit und breit nichts zu sehen außer einem verschlungenen Weg, der in einen Wald mündet. Auch das noch, jetzt müsst ihr erst mal wandern. Hättet ihr das vorher gewusst …
Hochmotiviert stapfen Frau Großhoch und Herr Kleintief voran. Auf der Hälfte des Wegs zum Wald entdeckt ihr ein verrottetes Holzschild. Die Schrift ist kaum noch zu erkennen. Steht da „Museum“ drauf? Trottend und genervt lauft ihr Frau Großhoch und Herrn Kleintief hinterher. Sie werden hoffentlich den richtigen Weg wissen. Der Weg geht immer weiter in den Wald hinein und es wird auch immer dunkler, oder? Jacob will gerade anfangen, zum zehnten Mal „Wie weit noch?“ zu fragen, da erreicht ihr eine riesige Lichtung. Vor euch seht ihr ein großes Haus, wenn man das so nennen will, denn es ist kaum noch zu erkennen. Es ist über und über von Efeu und einer dicken Moosschicht bewachsen. Riesige Bäume wuchern über das Dach. Erst jetzt entdeckt ihr am Eingang ein sehr verwittertes Schild mit der Aufschrift „Museum“. „Das ist doch wohl nicht Ihr Ernst?“, fragt Annabel empört.
In dem Moment öffnet sich langsam die knarzende Tür und zum Vorschein kommt ein alter, knochiger Mann in schicker Kleidung. Er nimmt seinen Hut ab und bittet euch mit einem „Herzlich willkommen! Tretet ein, so viele Gäste hatte ich schon sehr lange nicht mehr“ zu sich hinein. Ein ironisches „Warum wohl?“ könnt ihr euch gerade noch verkneifen. Ihr tretet mit einem mulmigen Gefühl ins Haus und findet euch in einem imposanten Raum mit hoher Decke, Kronleuchtern und rotem Samtteppich wieder. Während Frau Großhoch und Herr Kleintief den Eintritt bezahlen, beschleicht euch ein seltsames Gefühl. Das wirkt alles viel größer, als es das Haus von außen hätte vermuten lassen. Ohne es zu merken, seid ihr in den nächsten Raum geschoben worden: ein ebenso großer Raum wie eben – nein, er ist noch viel größer! Ihr könnt überhaupt nicht das Ende des Raums erkennen. Er scheint endlos zu sein und hinten noch um die Ecke zu gehen. „Frau Großhoch und Herr Kleintief, ich bin echt gespannt, was uns hier …“, kommt es erstaunt aus Majas Mund. Da bemerkt ihr, dass die beiden anscheinend gar nicht mehr in eurer Nähe sind. Plötzlich ertönt eine verzerrte, metallische Stimme aus einem Lautsprecher: „Meine werten Gäste, herzlich willkommen im Museum des Grauens! Nur wenn ihr es schafft, mein genaues Alter zu erraten, indem ihr alle meine Rätsel löst und ganz am Ende die beiden letzten Ziffern der größten und der kleinsten Zahl addiert, werdet ihr das Türschloss knacken können und wieder freikommen. Ihr habt nur diese eine Chance, um zu entkommen. Ansonsten werden die Türen nach draußen für euch für immer verschlossen bleiben und ihr werdet die neuen Museumsbesitzer und Museumsbesitzerinnen.“
Kreidebleich seht ihr euch gegenseitig an. Ihr beginnt nervös zu lachen, das ist bestimmt nur ein kleiner Scherz! Theo geht zu der Tür, durch die ihr hereingekommen seid. Doch sie lässt sich nicht öffnen. Ihr seid tatsächlich in dieser Horrorhütte gefangen!
Ihr beschließt, euch aufzuteilen und in kleinen Gruppen nach dem ersten Rätsel zu suchen. Ihr wollt schließlich nicht wie der alte Mann enden! Da erscheint durch einen Projektor an die Wand projiziert folgende Nachricht:

Das Museum des Grauens – Spielbeginn

Hinweis für die Lehrkraft: *Die Nachricht abschneiden, zusammenfalten und den Lernenden am Ende der Einstiegsgeschichte präsentieren. Die Nachricht markiert den Spielbeginn.*

Liebe Besucherinnen und Besucher,

leider habt ihr euch für das falsche Museum entschieden. Kamen euch der Weg hierher und das Haus von außen nicht komisch vor? Und war der Museumswärter nicht sehr alt für den Job?

Tja, nun ist es zu spät! Ihr habt den Museumswärter gehört, ihr müsst seine Rätsel lösen, um sein Alter herauszubekommen. Nur so könnt ihr das Türschloss in die Freiheit und zurück in euer Leben öffnen.

Es warten insgesamt fünf Rätsel auf euch. Dabei müsst ihr immer auf einen vierstelligen Zahlencode kommen, den ihr dann in das jeweilige Schloss eingeben müsst. Vielleicht schafft ihr es, dass die Schlösser aufspringen, vielleicht auch nicht.

Gelingt es euch nicht, werdet ihr den Rest eures Lebens hier verbringen und müsst auf jemanden warten, der eure Geheimnisse löst und euch befreit, aber das kann ewig dauern.

Viel Erfolg, ihr Verdammten!

Das Museum des Grauens – Rätsel

Blutbestandteile

Ihr erblickt eine alte verstaubte Truhe aus schwarzem Holz mit einem Schloss daran. Darauf liegt folgendes Rätsel. Schafft ihr es, den richtigen Zahlencode in das Schloss einzugeben und die Truhe zu öffnen?

Löst das folgende Rätsel, das ihr am Boden der Truhe findet.

Rote Blutkörperchen 1	hindern den Menschen am Verbluten. 2	transportiert Nähr- und Wirkstoffe. 2	ist eine leicht gelbliche Flüssigkeit, die Körperwärme verteilt. 1
sind ein Teil der Abwehr. 1	transportieren Sauerstoff. 4	kümmern sich um Eindringlinge. 1	transportieren Kohlenstoffdioxid. 3
Weiße Blut-körperchen 4	**Blutplasma** 3	leiten die Blut-gerinnung ein. 2	**Blutplättchen** 2
enthält Schutzstoffe. 2	ermöglichen, dass sich Wunden wieder schließen. 2	sind kreisförmig und flach. Sie sehen ein bisschen wie Drops aus. 1	bekämpfen ein-gedrungene Erreger. 1

Addiert die richtigen Zahlen. Gebt die Summen beginnend mit der größten Zahl ins Schloss ein und gelangt so zum nächsten Rätsel.

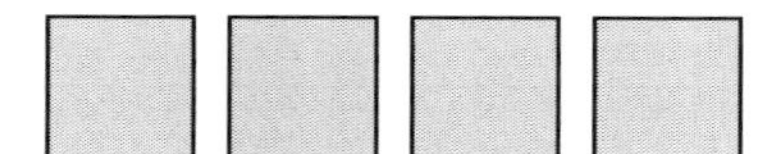

Blutfluss im Herz

Nachdem sich die Truhe mit einem lauten Knarzen geöffnet hat, findet ihr darin einen Hinweis:

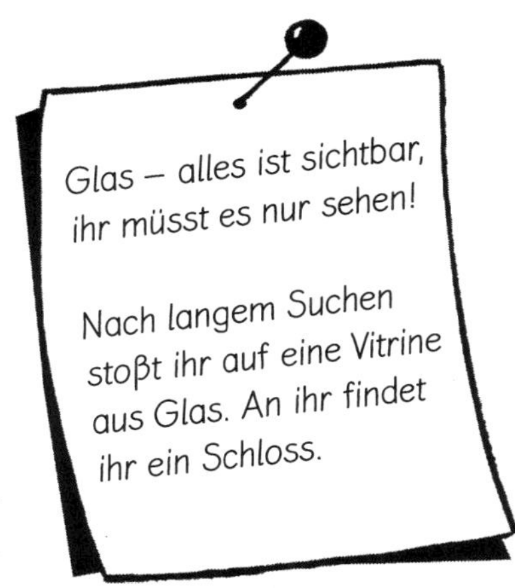

 Löst das Rätsel.

1. Zahl: Die Kombination aus Vorhof und Herzkammer gibt es in einem Herz jeweils ☐ mal.

In den rechten Vorhof münden die untere und obere Hohlvene. Durch sie gelangt das verbrauchte, sauerstoffarme Blut aus dem Körperkreislauf ins Herz. Zuerst fließt es in den rechten Vorhof, dann in die rechte Herzkammer und von dort aus fließt es über die Lungenarterie in die Lunge. Dort findet der Gasaustausch statt: Kohlenstoffdioxid wird abgegeben und Sauerstoff aufgenommen. Nun fließt das sauerstoffreiche Blut über die Lungenvenen zurück ins Herz. Über den linken Vorhof gelangt es in die linke Herzkammer und anschließend über die Hauptschlagader wieder in den Körperkreislauf zu den Organen.

Zeichne den Blutfluss in die Abbildung ein: den Weg des sauerstoffarmen Blutes in Blau und den Weg des sauerstoffreichen Blutes in Rot.

2. Zahl: Wie viele Eingänge transportieren das sauerstoffarme Blut in das Herz? ☐

3. Zahl: Wie viele Ausgänge transportieren das sauerstoffreiche Blut aus dem Herz wieder heraus? ☐

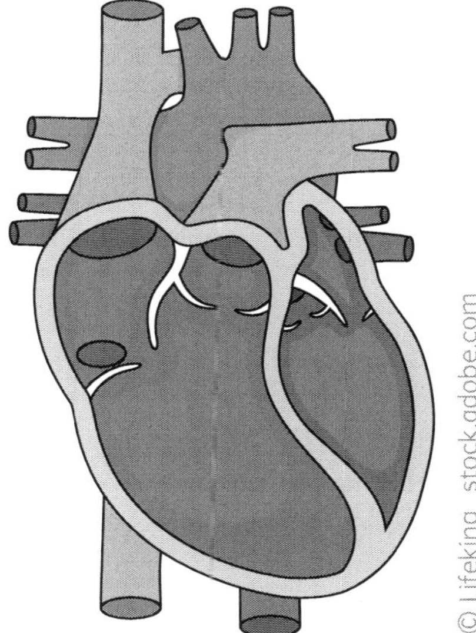

4. Zahl: Das Herz gilt als das wichtigste Organ im Körper. Darum hält es wohl auch als Symbol für die Liebe her. Auf welcher Wolke schwebt man, wenn man verliebt ist? ☐

Gebt die Zahlen ins Schloss ein und gelangt so zum nächsten Rätsel.

☐ ☐ ☐ ☐

Das Museum des Grauens – Rätsel

Körper- und Lungenkreislauf

Die Vitrine hat sich klirrend geöffnet und ihr findet folgenden Zettel.

Ihr schaut euch um. Die Wand gegenüber ist mit altem Zeitungspapier beklebt. Ist dort etwa auch ein wenig Licht? Vorsichtig nehmt ihr die Zeitung ab. Da ist tatsächlich eine Art Fenster mit einem Schloss davor. Aber wie sollt ihr an die Zahlenkombination kommen?! Schaut euch doch noch einmal das Zeitungspapier an.

Löst das Rätsel.

Das Herz pumpt das Blut jeden Tag zu jeder einzelnen Sekunde durch den gesamten Körper. Dabei braucht ein rotes Blutkörperchen ca. eine Minute, um einmal durch die zwei Kreisläufe hindurchzukommen. Der größere der Kreisläufe ist der Körperkreislauf. Er beginnt mit dem Zusammenziehen des Herzmuskels der linken Herzkammer, wodurch das Blut in die größte Arterie, die Aorta, gepumpt wird. Die Aorta wird immer schmaler und teilt sich immer mehr auf, um Blut bis zum großen Zeh oder zu den Fingern zu transportieren. Dort ist sie nur noch ein Zehntel so dick wie ein Haar. Diese Gefäße heißen Kapillaren oder Haargefäße. Ein feines Netz von ihnen befindet sich auch in Geweben und um unsere Organe. So verteilt das Blut Sauerstoff und Nährstoffe im ganzen Körper. Als Gegenleistung erhält es für den Weg zurück zum Herz die Abbaustoffe und Kohlenstoffdioxid von den Zellen aus dem umliegenden Gewebe. Über die Venen, die immer dicker werden, gelangt das sauerstoffarme Blut schließlich zurück ins Herz. Von dort fließt es durch die Lungenarterie in die Lunge. So beginnt der Lungenkreislauf. Das noch immer sauerstoffarme Blut wird in den Kapillaren der Lunge mit eingeatmetem Sauerstoff angereichert und gibt gleichzeitig das mitgebrachte Kohlenstoffdioxid und die Abbauprodukte an die Lunge ab. Das Kohlenstoffdioxid atmen wir aus und das sauerstoffreiche Blut fließt über die Lungenvene wieder zurück ins Herz. So beginnt der Körperkreislauf von Neuem.

Gebt die Zahlen von der kleinsten bis zur größten ins Schloss ein.

Das Museum des Grauens – Rätsel

Aufbau von Herz und Lunge

Mit einem lauten Klacken öffnet sich das Fenster. Ihr hofft, dass es nun endlich in die Freiheit geht und ihr dem Museum entkommen könnt, aber vor euch erscheint zu eurem Entsetzen ein äußerst verwirrendes Gemälde:

Was erkennt ihr auf dem Gemälde? Löst das Rätsel.

Ziffer 1: Zwerchfell

Ziffer 2: Luftröhre und beide Lungenflügel

Ziffer 3: Herzspitze

Ziffer 4: Taschenklappen von Lungenarterie und Aorta

Gebt die Zahlen ins Schloss ein.

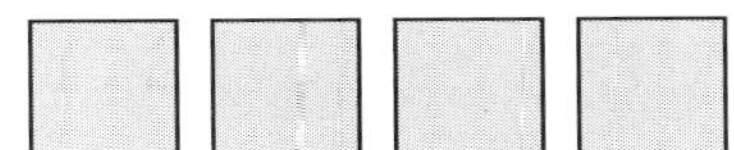

Das Museum des Grauens – Rätsel

Aufbau der Lunge

Nach der Eingabe des Zifferncodes verändert sich das Gemälde zu einer Tür. Rundherum stehen Wörter, vermutlich müsst ihr sie dem Poster auf der Tür zuordnen, um das Türschloss zu öffnen. Hoffentlich ist dieser Spuk dann endlich zu Ende!

Löst das Rätsel.

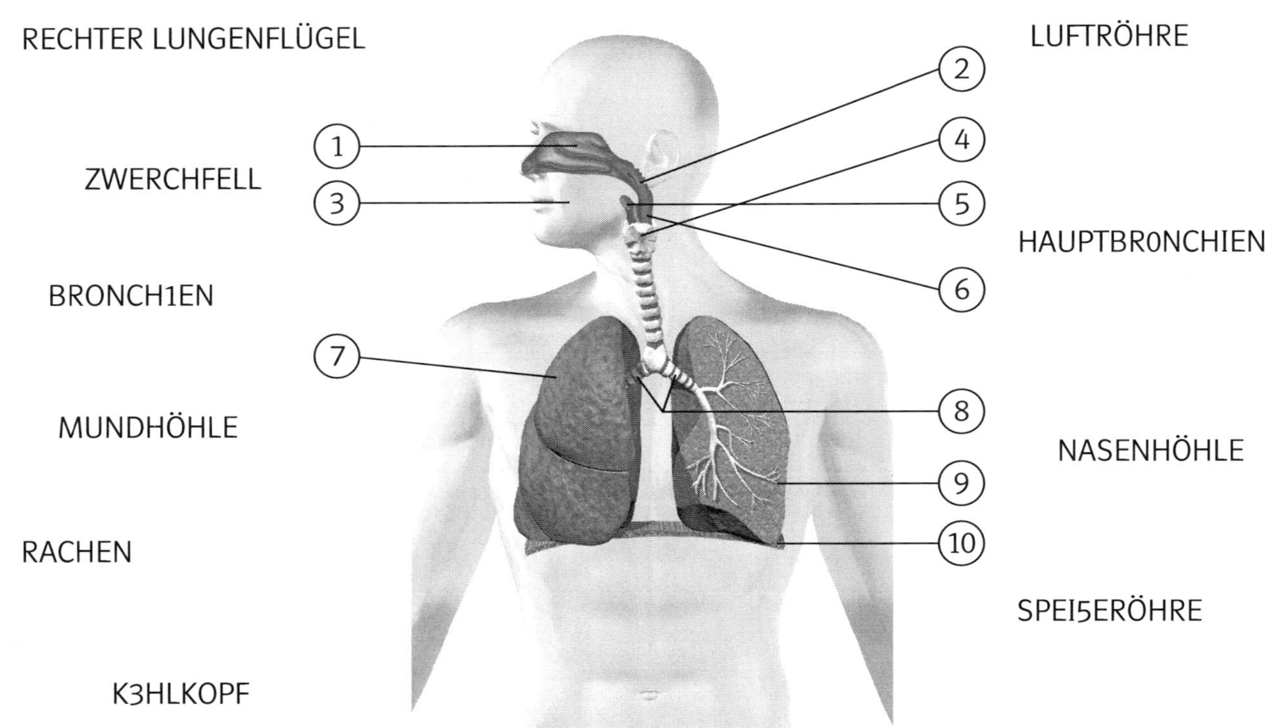

Schlossziffer 1: Begriff Nummer 4
Schlossziffer 2: Begriff Nummer 8
Schlossziffer 3: Begriff Nummer 9
Schlossziffer 4: Begriff Nummer 5

Gebt die Zahlen ins Schloss ein.

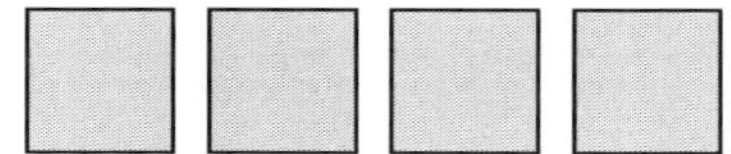

Nachdem ihr das Schloss geöffnet habt und durch die Tür getreten seid, seht ihr ein Gitter mit einer Gegensprechanlage. Aus ihr ertönt mit verzerrter Stimme die Frage: „Wie alt bin ich?“

Nennt das korrekte Alter des Museumswärters und ihr könnt dem Museum endlich entkommen!

Das Museum des Grauens – Spielende

Hinweis für die Lehrkraft: *Die Nachricht abschneiden, zusammenfalten und in den letzten Umschlag oder ein verschlossenes Kästchen legen. Die Nachricht markiert das Spielende.*

Herzlichen Glückwunsch!

Ihr habt das korrekte Alter des Museumswärters erraten! Der arme Mann muss nun noch ein paar weitere Jahre hier verbringen.

Nun aber nichts wie los und schnell nach Hause!

Das Museum des Grauens – Hinweiskarten

Hinweis 1

Ordnet den fett gedruckten Begriffen die drei passenden Aussagen zu.

Hinweis 2

Addiert jeweils die vier Zahlen der zusammengehörenden Felder.

Hinweis 1

Beim Herzen und den Kreisläufen ist vieles doppelt vorhanden.

Hinweis 2

Addiert man die Anzahl der Ein- und Ausgänge miteinander, erhält man die Zahl 6.

Hinweis 1

Schneidet auch die kleinen Fenster in der Mitte des Zettels aus.

Hinweis 2

Das seltsame Fenster so auf dem Text positionieren, dass Zahlen und Zahlenwörter lesbar werden.

Hinweis 1

Die Schnipsel ergeben zwei Bilder. Die Ziffern auf den Schnipseln stehen niemals auf dem Kopf.

Hinweis 2

Schaut genau hin. Die gesuchten Begriffe passen nur mit je einem Schnipsel haargenau zusammen. Aus jedem Bild stammen zwei Ziffern.

Hinweis 1

Schaut euch die Begriffe genau an. Sind da etwa Zahlen drin versteckt?!

Hinweis 2

Wie war das noch mit dem Alter des alten Mannes? Addieren oder subtrahieren?

Rätsel 1 – Blutbestandteile:

Rote Blutkörperchen ○ 1	hindern den Menschen am Verbluten. ✚ 2	transportiert Nähr- und Wirkstoffe. □ 2	ist eine leicht gelbliche Flüssigkeit, die Körperwärme verteilt. □ 1
sind ein Teil der Abwehr. △ 1	transportieren Sauerstoff. ○ 4	kümmern sich um Eindringlinge. △ 1	transportieren Kohlenstoffdioxid. ○ 3
Weiße Blutkörperchen △ 4	**Blutplasma** □ 3	leiten die Blutgerinnung ein. ✚ 2	**Blutplättchen** ✚ 2
enthält Schutzstoffe. □ 2	ermöglichen, dass sich Wunden wieder schließen. ✚ 2	sind kreisförmig und flach. Sie sehen ein bisschen wie Drops aus. ○ 1	bekämpfen eingedrungene Erreger. △ 1

Zahlencode: 9 8 8 7

Rätsel 2 – Blutfluss im Herz:

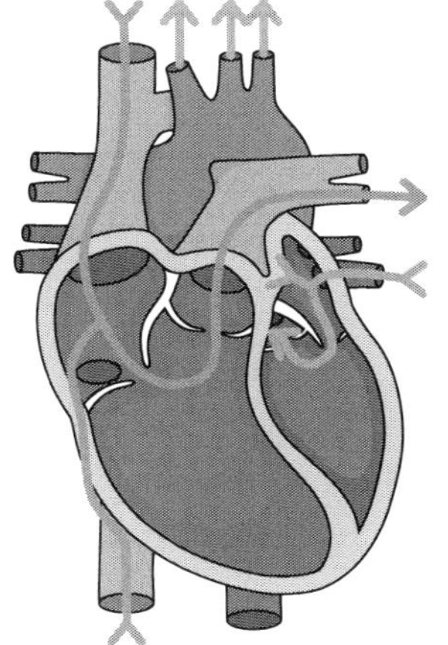

Zahlencode: 2 2 4 7

Rätsel 3 – Körper- und Lungenkreislauf

Das Herz pumpt das Blut jeden Tag zu jeder einzelnen Sekunde durch den gesamten Körper. Dabei braucht ein rotes Blutkörperchen ca. eine Minute, um einmal durch die zwei Kreisläufe hindurchzukommen. Der größere der Kreisläufe ist der Körperkreislauf. Er beginnt mit dem Zusammenziehen des Herzmuskels der linken Herzkammer, wodurch das Blut in die größte Arterie, die Aorta, gepumpt wird. Die Aorta wird immer schmaler und teilt sich immer mehr auf, um Blut bis zum großen Zeh oder zu den Fingern zu transportieren. Dort ist sie nur noch ein Zehntel so dick wie ein Haar. Diese Gefäße heißen Kapillaren oder Haargefäße. Ein feines Netz von ihnen befindet sich auch in Geweben und um unsere Organe. So verteilt das Blut Sauerstoff und Nährstoffe im ganzen Körper. Als Gegenleistung erhält es für den Weg zurück zum Herz die Abbaustoffe und Kohlenstoffdioxid von den Zellen aus dem umliegenden Gewebe. Über die Venen, die immer dicker werden, gelangt das sauerstoffarme Blut schließlich zurück ins Herz. Von dort fließt es durch die Lungenarterie in die Lunge. So beginnt der Lungenkreislauf. Das noch immer sauerstoffarme Blut wird in den Kapillaren der Lunge mit eingeatmetem Sauerstoff angereichert und gibt gleichzeitig das mitgebrachte Kohlenstoffdioxid und die Abbauprodukte an die Lunge ab. Das Kohlenstoffdioxid atmen wir aus und das sauerstoffreiche Blut fließt über die Lungenvene wieder zurück ins Herz. So beginnt der Körperkreislauf von Neuem.

Zahlencode: 1 | 2 | 3 | 6

Rätsel 4 – Aufbau und Beschriftung von Herz und Lunge

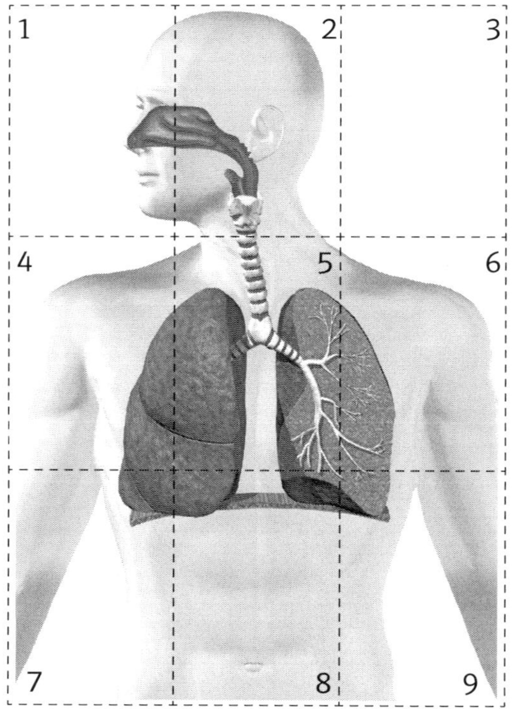

Zahlencode: 8 | 5 | 9 | 5

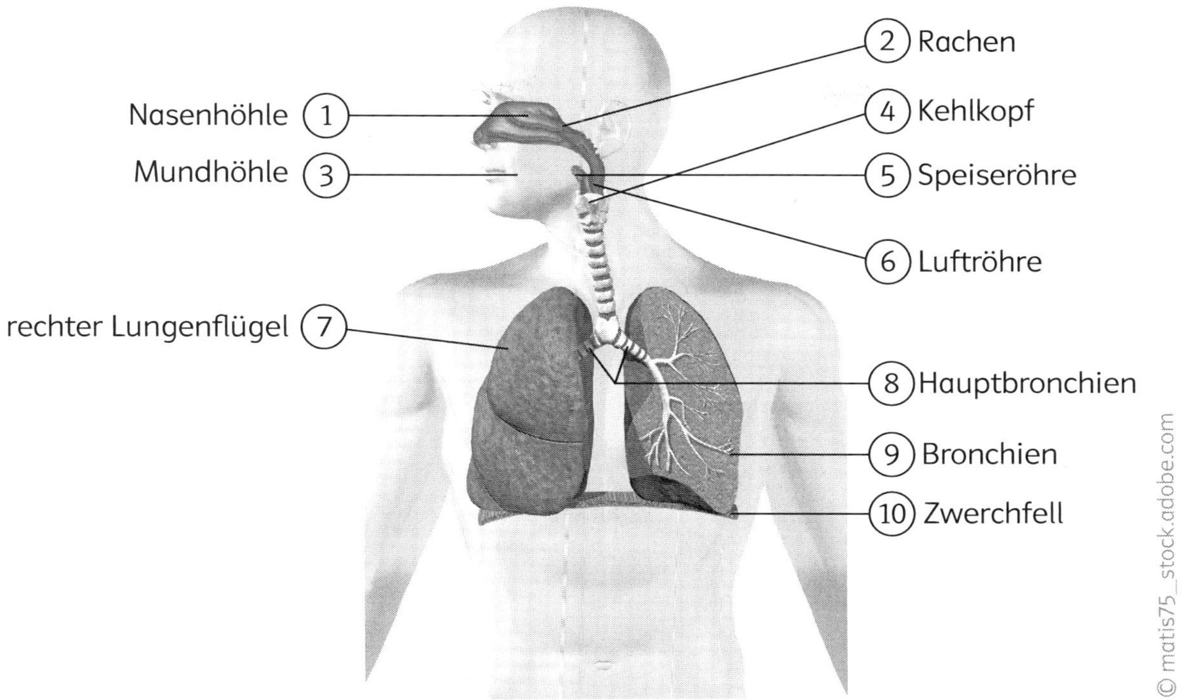

Zahlencode: 3 0 1 5

Das Alter beträgt 123 Jahre (Addition der letzten beiden Ziffern der größten Zahl 9887 und der kleinsten Zahl 1236: 87 + 36).

Der verlassene Freizeitpark – Einstiegsgeschichte

***Hinweis für die Lehrkraft:** Die Einstiegsgeschichte den Schülerinnen und Schülern zu Beginn des Spiels vorlesen.*

Yipppieee, ihr könnt es kaum erwarten, endlich seid ihr im Freizeitpark angekommen. Er steht euch den ganzen Tag mit all seinen Attraktionen zur freien Verfügung und ihr könnt tun und lassen, was ihr möchtet. Schnell ist klar, mit wem aus eurer Klasse ihr in einer Gruppe durch den Park laufen wollt.

Auf der Fahrt hierher habt ihr euch schon ausgemalt, was ihr als Erstes machen wollt: Achterbahn fahren, einen Burger essen, ins Labyrinth gehen und dann direkt zum Autoscooter, bevor ihr in die Geisterbahn geht. Aufgeregt habt ihr schon alles zusammengepackt und seid bereit, den Bus zu verlassen, der gerade auf dem großen Parkplatz einparkt. In der Ferne könnt ihr bereits die hohe Achterbahn erkennen.

Da fällt euch auf, dass der Parkplatz vor dem Freizeitpark komplett leer ist. Seid ihr etwa die Einzigen, die schon da sind? „Was für ein Glück!", denkt ihr. So müsst ihr nicht lange irgendwo in der Schlange anstehen. Da hat sich das frühe Aufstehen doch gelohnt.

Ihr seid bereits online eingebucht und könnt direkt durch das Eingangstor eintreten. Sofort fällt euer Blick auf eine große Übersicht. Da stehen vermutlich die ganzen Attraktionen drauf. Sogleich lauft ihr hin und studiert den Parkplan.

Als ihr gerade die ersten Stationen eurer Tour plant, bemerkt ihr, dass sich das schwere Eisentor hinter euch automatisch schließt. Mit einem lauten metallischen Knall ist es verschlossen. Ihr schaut euch erstaunt um. In dem Moment ertönt aus den Lautsprechern das fiese Lachen eines Grusel-Clowns, der euch im Freizeitpark als seine einzigen Gäste begrüßt: „Als meine einzigen Gäste, die sich als lebenslange Mitarbeiterinnen und Mitarbeiter in diesem wunderbaren verlassenen Freizeitpark beworben haben, freue ich mich, euch in der Geisterbahn für den Rest eures Lebens begrüßen zu dürfen." Alle sind mucksmäuschenstill. Man hätte eine Stecknadel fallen hören können.

Da ruft Amir: „Das will ich nicht! Ich will sofort wieder nach Hause!" „Hahaha! Es gibt nur einen Weg hier raus! Ihr müsst fünf Rätsel richtig lösen, nur so öffnet sich am hinteren Ende des Parks das Eisentor. Aber freut euch nicht zu früh! Noch nie hat es eine Klasse rausgeschafft. Oder was habt ihr gedacht, woher die vielen Gruselgestalten in der Geisterbahn kommen?! Hahaha!"

Ihr beschließt, euch in Gruppen aufzuteilen. Um euch zu orientieren und den richtigen Weg einzuschlagen, seht ihr euch die Übersicht der Attraktionen des Freizeitparks noch einmal genauer an. Da entdeckt ihr einen Briefumschlag mit folgender Nachricht:

Der verlassene Freizeitpark – Spielbeginn

***Hinweis für die Lehrkraft:** Die Nachricht abschneiden, zusammenfalten und den Lernenden am Ende der Einstiegsgeschichte präsentieren. Die Nachricht markiert den Spielbeginn.*

Hallo, liebe Besucherinnen und Besucher des verlassenen Freizeitparks!

Habt ihr wirklich geglaubt, es sei normal, dass ihr die einzigen Gäste eines so großen Freizeitparks seid?! Hahaha! Wie blauäugig von euch!

Ihr habt gehört, was der Clown gesagt hat, fünf Rätsel müsst ihr lösen und am Ende den korrekten Zahlencode in das schwere Eisentor eingeben.

Nur damit könnt ihr das letzte Schloss öffnen und in eure Leben zurückkehren.

Gelingt es euch nicht, die Zahlencodes herauszubekommen, werdet ihr den Rest eures Lebens als Gruselgestalten in der Geisterbahn verbringen!

Viel Erfolg, hahaha!

Der verlassene Freizeitpark – Rätsel

Nährstoffnachweis Fett

Und nun? Ihr tastet die Übersichtstafel noch einmal ab. Moment, was versteckt sich da auf der Rückseite? Ihr zieht eine weitere Übersicht hervor.

Löst das Rätsel.

Ach du Schreck, ein durchsichtiger Fettfleck! Fett wird durchscheinend, das will berechnet und von klein nach groß eingegeben werden.

x	1	2	3
1	© Katharina Reichert-Scarborough	Joghurt © Alexandra Hanneforth	© Stefan Lucas
2	© Barbara Gerth	ÖL © Barbara Gerth	© Jennifer Sprey
3	© Barbara Gerth	© Julia Flasche	© Wolfgang Slawski

Und wo ist nun ein Schloss? Hm, vielleicht das Schloss, mit dem der Übersichtskasten zugeschlossen ist?

Gebt die Zahlen ins Schloss ein und gelangt zum nächsten Rätsel.

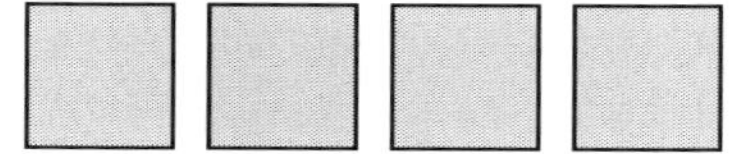

Der verlassene Freizeitpark – Rätsel

Weg der Nahrung

Knarzend öffnet sich der Kasten der Übersichtstafel und ein Pfeil klappt herunter, der nach rechts zeigt. Auf ihm steht außerdem ***Achterbahn***. Schnell rennt ihr los und springt in die Wagen. Als sich die Bahn schon in Bewegung setzt, entdeckt ihr im Augenwinkel noch den Hinweis: „Schaut vom höchsten Punkt der Bahn nach unten auf die gefahrene Strecke!"
Puh, das war eine wilde Fahrt! Ihr könnt euch kaum an die Details erinnern. Zum Glück hat einer von euch am höchsten Punkt der Bahn ein Foto gemacht, bevor die Achterbahn fast senkrecht in die Tiefe rauschte:

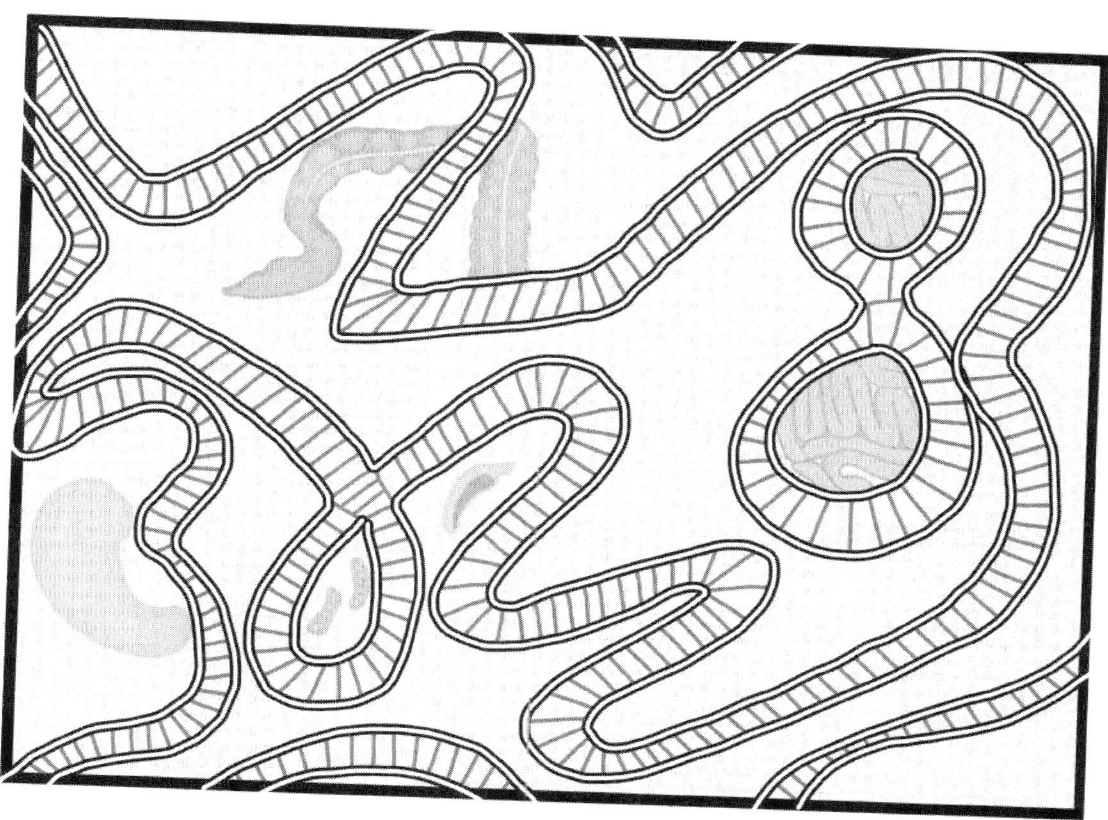

Organe © Kazakova Maryia_stock.adobe.com

 Löst das Rätsel.

Ihr wollt gerade aussteigen, da merkt ihr, dass sich die Verriegelung eurer Sitze nicht lösen. Ihr entdeckt überall an den Riegeln Zahlenschlösser. Um aus der Bahn rauszukommen, müsst ihr vermutlich erst einmal die Zahlencodes knacken.

Da erscheint auf dem Monitor vor euch plötzlich folgende Nachricht:

Die Achterbahn ergibt rundherum Zahlen, ob es immer eine Acht ist, ist ungewiss. Was aber gewiss ist: Es ist der Weg der Nahrung. Beeilt euch, in ein paar Minuten startet die nächste Fahrt!

Gebt die Zahlen ins Schloss ein und befreit euch so aus der Achterbahn.

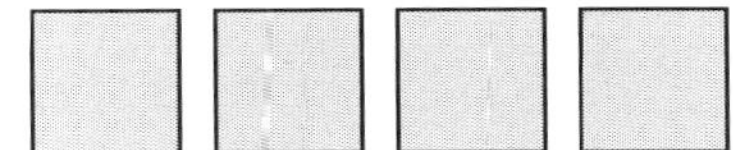

Die Riegel sind zum Glück aufgesprungen. Die Achterbahn hat euch ganz schön den Magen umgedreht. Eine weitere Fahrt wäre echt zu viel gewesen. Also nichts wie raus hier.
Schon steht ihr vor dem nächsten Fahrgerät, einem riesigen Kettenkarussell. Es sieht ziemlich heruntergekommen aus. Die Sitze sind teilweise zerbrochen, Sicherheitsbügel fehlen und einige Sitze hängen komplett schief. In der Mitte des Karussells hängt ein großes Schloss, in das vier Zahlen eingegeben werden müssen. „Hört das denn nie auf", denkt ihr und schaut dabei genervt nach oben. Dabei fällt euch auf, dass am Karusselldach die Ziffern einer Uhr stehen und Wörter. Ihr erstellt folgende Zeichnung:

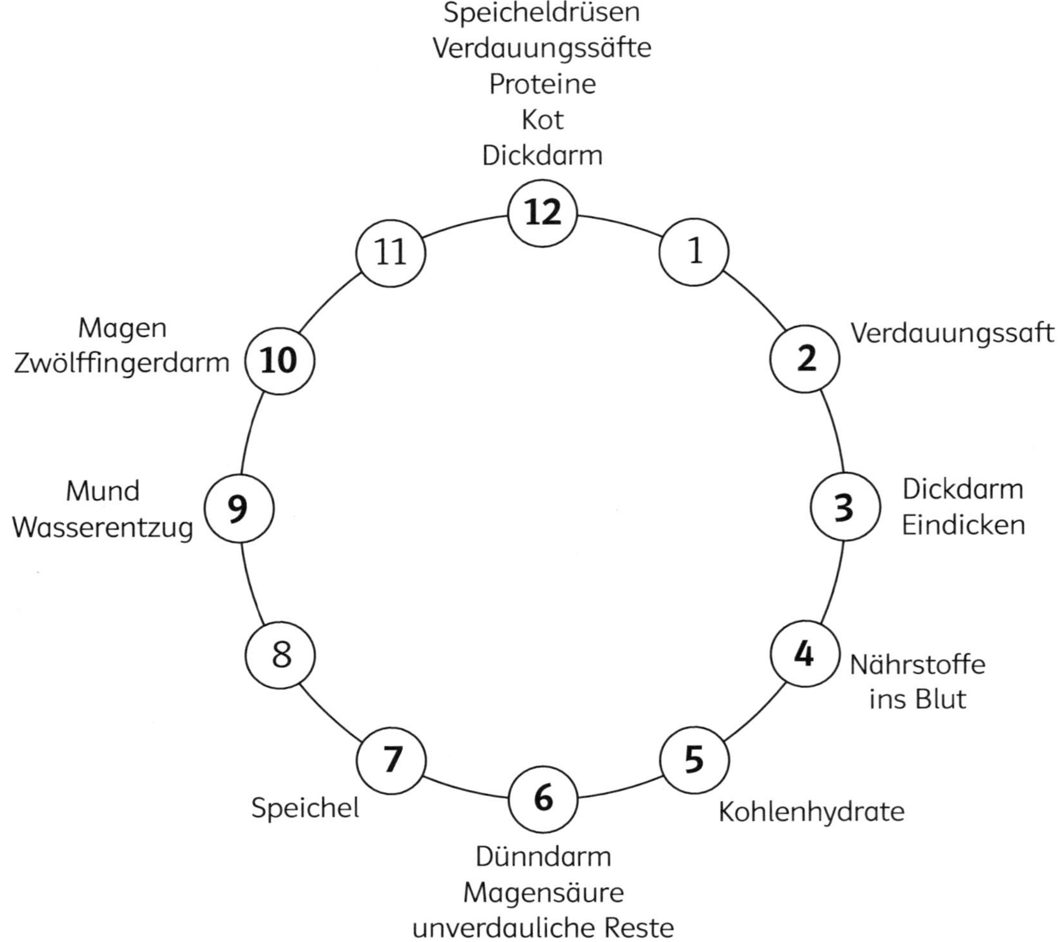

Wie könnte man da Ordnung reinbringen? Und wo soll man bei dem Chaos nur anfangen? Vielleicht bei einem der Organe?

Löst das Rätsel, indem ihr euch auf den Weg der Verdauung begebt. Vier bunte Stifte könnten hilfreich sein.

Gebt die Zahlen dem Uhrzeigersinn nach ins Schloss ein.

Der verlassene Freizeitpark – Rätsel

Nährstoffe und Nahrung

Das gelöste Rätsel am Karussell hat den Autoscooter aktiviert. Wild sausen die leeren Autos durcheinander über die Fläche. Interessanterweise fahren immer wieder dieselben Autos an vier Punkten zusammen. Könnt ihr da vielleicht ein Muster erkennen?

Löst das Rätsel.

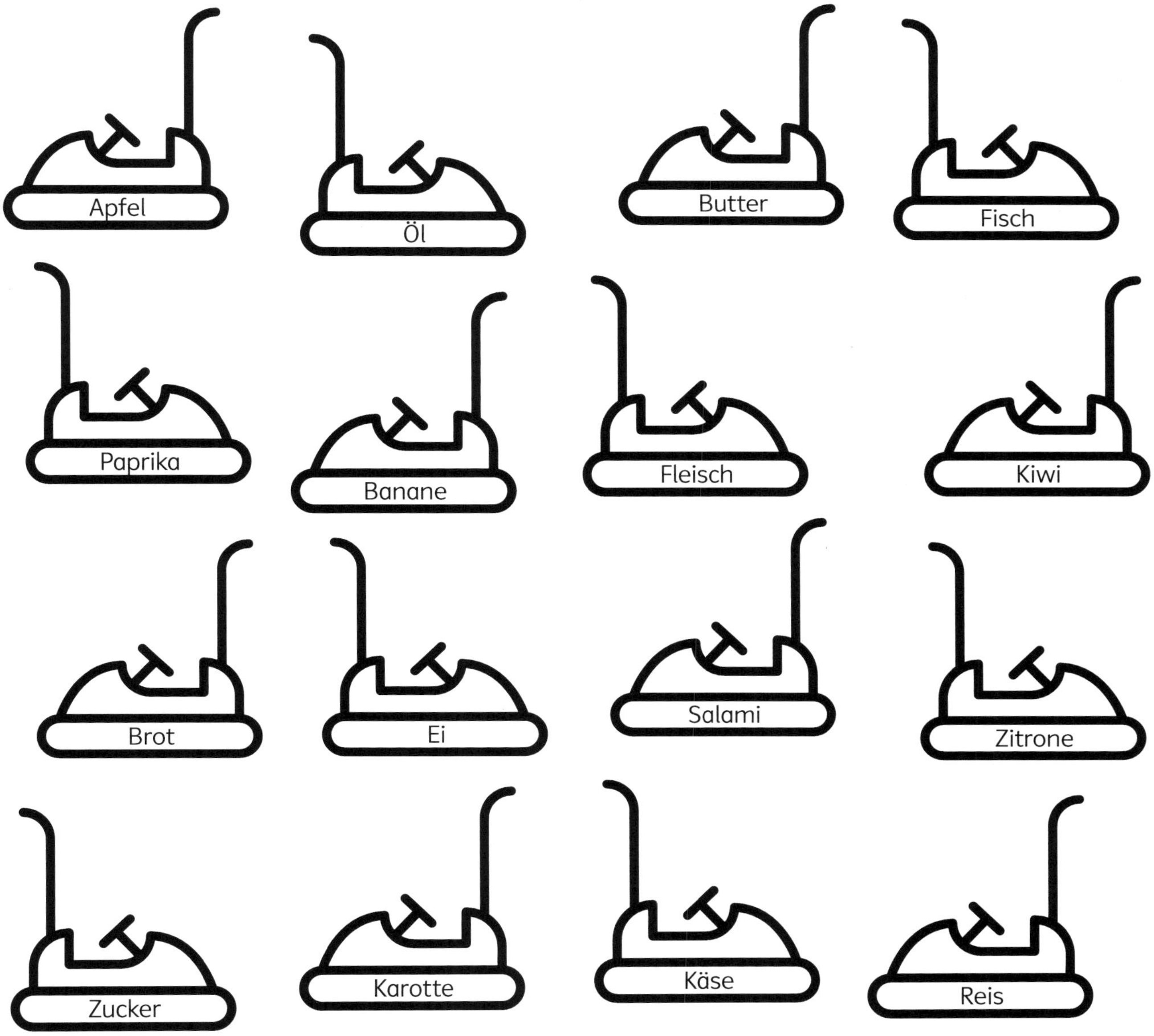

Apfel | Öl | Butter | Fisch

Paprika | Banane | Fleisch | Kiwi

Brot | Ei | Salami | Zitrone

Zucker | Karotte | Käse | Reis

Gebt die Zahlen auf dem Display über dem Ein-und-Ausschalter für den Autoscooter ein. Achtet dabei auf die Reihenfolge im Alphabet.

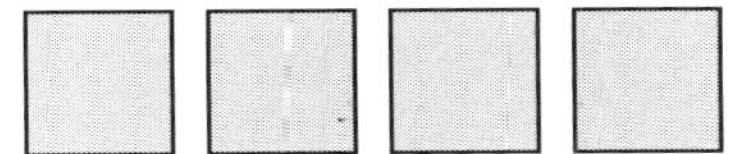

Der Autoscooter ist wieder ausgeschaltet. Da hört ihr auf einmal gruselige Geräusche. Ihr erblickt den Eingang zur Geisterbahn, aus dem flackerndes Licht und Nebelschwaden herauskommen. Jetzt heißt es noch einmal alles geben!
Ihr tretet eng aneinandergedrängt in die Geisterbahn ein. Sofort schnappt hinter euch die Tür zu! Augen zu und durch! Wahhhh, der Zombie hatte es aber in sich … Stopp! Was blitzt dahinten im Licht immer wieder auf? Es ist das versteckte Eisentor. Davon hat der Clown gesprochen, hier muss es rausgehen. Schnell rennt ihr hin, aber es ist natürlich mit einer schweren Eisenkette und einem Schloss, in das vier Zahlen eingegeben werden müssen, gesichert.

Am Eisentor hängen außerdem noch mehrere Schilder mit Fragen und mathematischen Zeichen.

Löst das Rätsel.

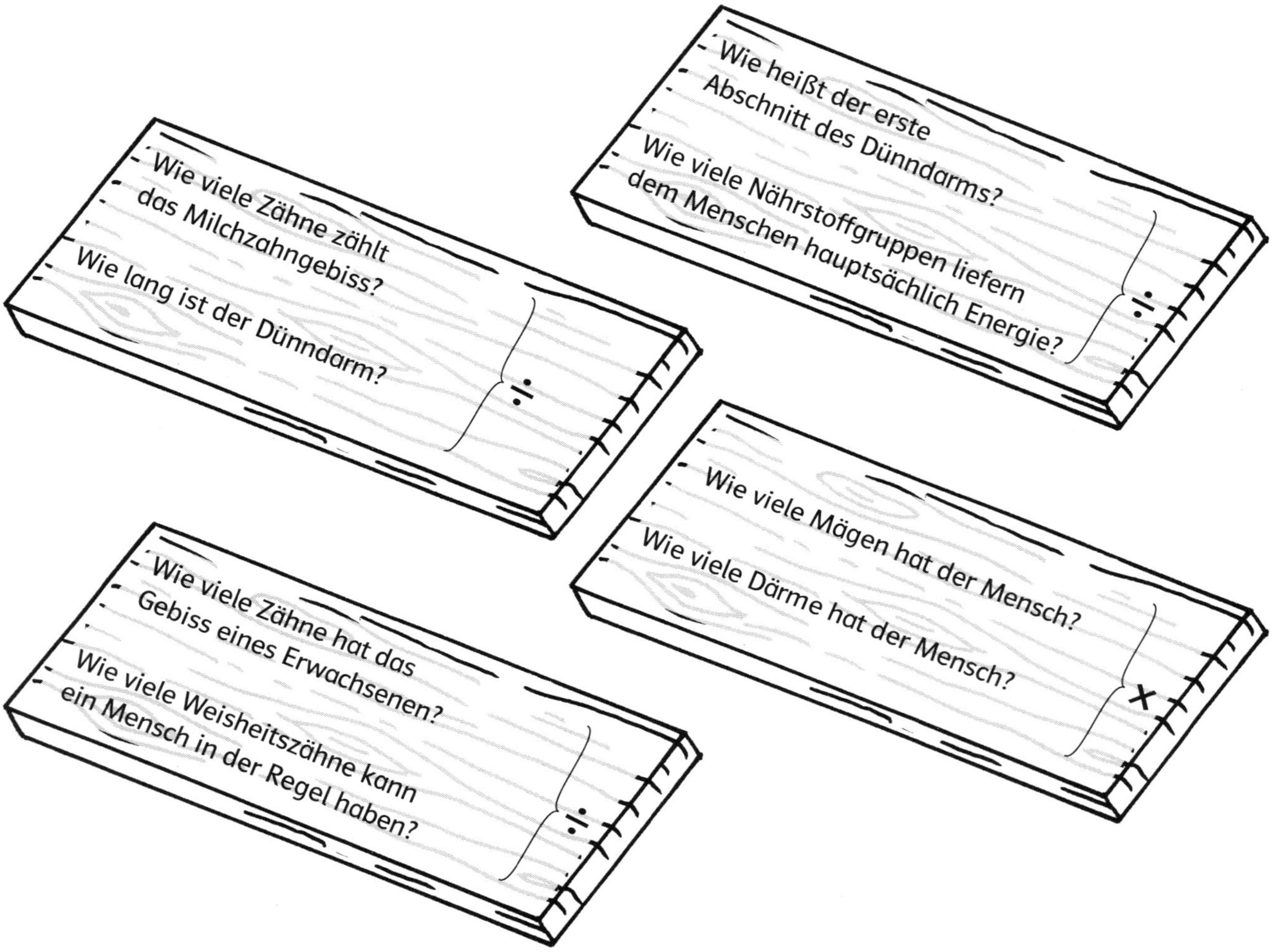

Wie viele Zähne zählt das Milchzahngebiss?
Wie lang ist der Dünndarm?
:

Wie heißt der erste Abschnitt des Dünndarms?
Wie viele Nährstoffgruppen liefern dem Menschen hauptsächlich Energie?
:

Wie viele Mägen hat der Mensch?
Wie viele Därme hat der Mensch?
x

Wie viele Zähne hat das Gebiss eines Erwachsenen?
Wie viele Weisheitszähne kann ein Mensch in der Regel haben?
:

Gebt die Zahlen ins Schloss ein.

Der verlassene Freizeitpark – Spielende

Hinweis für die Lehrkraft: *Die Nachricht abschneiden, zusammenfalten und in den letzten Umschlag oder ein verschlossenes Kästchen legen. Die Nachricht markiert das Spielende.*

✂- -

Herzlichen Glückwunsch!

Ihr habt das Schloss am Eisentor mithilfe des letzten vierstelligen Codes knacken können. Vorerst ist euch die Lust auf einen Freizeitpark aber gehörig vergangen. Ihr atmet tief durch. Nun nichts wie los und schnell nach Hause!

Hinweis 1 (1)

Manche Nahrungsmittel haben einen besonders hohen Fettanteil und hinterlassen nach dem Kleckern und Trocknen einen sichtbaren Fettfleck.

Hinweis 2 (1)

Was könnten die Zahlen und das x in der ersten Zeile und Spalte bedeuten?

Hinweis 1 (2)

Sind da etwa Organe im Bild versteckt? Überlegt mal, welche Stationen passiert die Nahrung auf ihrem Weg durch den Körper nacheinander?

Hinweis 2 (2)

Die Schienen um die Organe herum ergeben Zahlen. Sortiert sie in der richtigen Reihenfolge.

Hinweis 1 (3)

Rund um das Ziffernblatt stehen vier Verdauungsorgane: Mund, Magen, Dünndarm und Dickdarm. Startet jeweils bei diesen Wörtern.

Hinweis 2 (3)

Wenn ihr den richtigen Weg pro Organ gefunden und mit Linien verbunden habt, entstehen aus den Linien mit etwas Fantasie vier Zahlen.

Hinweis 1 (4)

Die Nahrungsmittel lassen sich zu vier Kategorien gruppieren: Fette, Kohlenhydrate, Proteine und Vitamine/ Mineralstoffe.

Hinweis 2 (4)

Die Anzahl der zugeordneten Lebensmittel ergibt die Zahl für das Schloss. Die Sortierung für den Code richtet sich nach dem Anfangsbuchstaben der Kategorie entsprechend dem Alphabet.

Hinweis 1 (5)

Notiert die Zahlen aus den Antworten und verrechnet sie entsprechend der Zeichen miteinander.

Hinweis 2 (5)

Das sind die gesuchten Zahlen: 1, 2, 3, 4, 5, 12, 20, 32. Ordnet sie richtig zu und rechnet aus.

Rätsel 1 – Nährstoffnachweis Fett:

Walnuss – 1 × 1 = 1
Öl – 2 × 2 = 4
Avocado – 1 × 3 = 3
Schokolade – 3 × 2 = 6

Zahlencode: | 1 | 3 | 4 | 6 |

Rätsel 2 – Weg der Nahrung:

1. Zahl: Zunge und Speicheldrüsen: Zahl 6
2. Zahl: Magen: Zahl 3
3. Zahl: Dünndarm: Zahl 8
4. Zahl: Dickdarm: Zahl 2

Zahlencode: | 6 | 3 | 8 | 2 |

Rätsel 3 – Verdauung

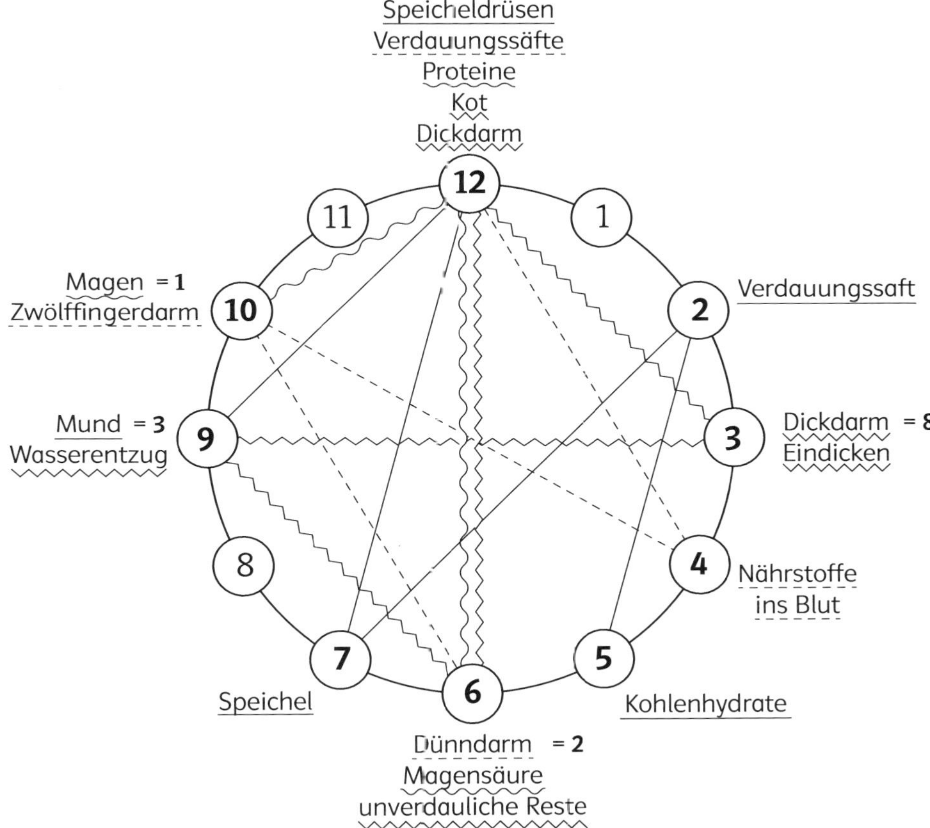

Zahlencode: | 8 | 2 | 3 | 1 |

Rätsel 4 – Nährstoffe und Nahrung

Fette = Salami, Öl und Butter = 3
Kohlenhydrate = Brot, Banane, Zuckerwürfel, Reis = 4
Proteine = Ei, Käse, Fisch, Fleisch = 4
Vitamine / Mineralstoffe = Paprika, Kiwi, Zitrone, Karotte, Apfel = 5

Zahlencode: | 3 | 4 | 4 | 5 |

Rätsel 5 – Ernährung und Verdauung

Wie heißt der erste Abschnitt des Dünndarms? 12-Finger-Darm
Wie viele Nährstoffgruppen liefern dem Menschen hauptsächlich Energie? 3

12 : 3 = 4

Wie viele Zähne zählt das Milchzahngebiss? 20 Zähne
Wie lang ist der Dünndarm? 5 Meter

20 : 5 = 4

Wie viele Mägen hat der Mensch? 1 Magen
Wie viele Därme hat der Mensch? 2 Därme

1 × 2 = 2

Wie viele Zähne hat das Gebiss eines Erwachsenen? 32 Zähne
Wie viele Weisheitszähne kann ein Mensch in der Regel haben? 4 Weisheitszähne

32 : 4 = 8

Zahlencode: | 4 | 4 | 2 | 8 |

Der eisige Schlosskeller – Einstiegsgeschichte

***Hinweis für die Lehrkraft:** Die Einstiegsgeschichte den Schülerinnen und Schülern zu Beginn des Spiels vorlesen.*

„Geht diese langweilige Führung denn nie zu Ende?“ Ihr trottet im Gleichschritt hintereinander her. Allen ist die Langeweile anzusehen. Und jetzt auch noch in den Keller. Ihr verdreht die Augen. Euch steigt dieser typisch modrige Kellergeruch alter Häuser in die Nase. Die Schlossbesitzerin hält euch die Tür auf: „Kommt, kommt, nur herein in die gute Stube!“ Die hat echt einen schrägen Humor und dann immer mit dieser heiser hohe Hexenstimme. Nun steht ihr mitten im Raum. Es ist sehr dunkel und gefühlt steht ihr euch allen gegenseitig auf den Füßen. Aus allen Ecken hallt immer mal wieder ein „Aua, pass doch auf“ wider. Nur die Schlossbesitzerin an der Tür ist durch das Licht hinter ihr deutlich zu erkennen. Plötzlich lacht die Alte los und ruft: „Hier kommt ihr erst wieder raus, wenn ihr die fünf versteckten Rätsel richtig gelöst habt.“ Sie schmeißt die schwere mittelalterliche Holztür ins Schloss, während sie laut ihr Hexenlachen ausstößt. Die Trulla kam euch gleich komisch vor.

Mit zusammengekniffenen Augen versucht ihr, euch in der Dunkelheit zu orientieren. Zur großen Freude von euch allen hängen an den alten Mauern Fackeln. Sophies Vater ist Naturschutzhelfer in einem großen Nationalpark. Er hat Sophie auf jeden Notfall vorbereitet. So kramt sie schnell in ihrem Rucksack und befördert ein Feuerzeug hervor. Sie setzt gerade an, um euren Begleitpersonen vorsorglich zu erklären, dass sie sonst natürlich nie und vor allem nie in der Schule ein Feuerzeug dabeihat. Da bemerkt ihr erst, dass eure Begleitpersonen anscheinend nicht mit euch zusammen im Keller gelandet sind. Nun aber erst einmal die Fackeln anzünden. Hoffentlich helfen sie auch gegen die nasse Kälte hier unten im Keller. Ihr schaut euch um.
Ihr befindet euch in einem großen runden Raum. Die Decke hat ein hohes Gewölbe wie in einer Kirche. Dicke massive Steine, die feucht und teilweise mit Spinnweben und Moos bewachsen sind, befinden sich über euch. Irgendwo muss es doch weitergehen?! Da entdeckt ihr kaum erkennbare Türen in den runden Wänden. An einer Tür ist folgender Text angeschlagen:

***Hinweis für die Lehrkraft:** Die Nachricht abschneiden, zusammenfalten und den Lernenden am Ende der Einstiegsgeschichte präsentieren. Die Nachricht markiert den Spielbeginn.*

✂- -

Hallo, liebe Besucherinnen und Besucher,

was hat sich die Schlossbesitzerin wohl dabei gedacht, euch hier zurückzulassen?

Wir können es euch verraten: In ihrem Keller spukt es seit ewigen Zeiten und weil sie keine Lust mehr hat, sich selbst damit zu beschäftigen, lässt sie immer wieder Kinder und Jugendliche die Rätsel der Geister des Schlosses lösen. So hat sie zumindest ab und zu mal ein bisschen Ruhe.

Es erwarten euch fünf Rätsel. Dabei müsst ihr immer auf einen vierstelligen Zahlencode kommen, den ihr in das jeweilige Schloss eingeben müsst, um weiterzukommen. Wenn ihr das letzte Rätsel lösen könnt, kommt ihr frei. Schafft ihr es nicht, bleibt ihr in den Tiefen des Schlosskellers gefangen und die Schlossbesitzerin wird wohl sehr lange Ruhe vor uns haben!

Viel Erfolg wünschen euch die Schlossgeister!

Skelett und Skelettteile

Puh, das klingt nicht gerade nach eurer erträumten Zukunft …
Hektisch schaut ihr euch weiter um, da entdeckt ihr an mehreren Stellen in der Wand merkwürdig eingebrannte Formen:

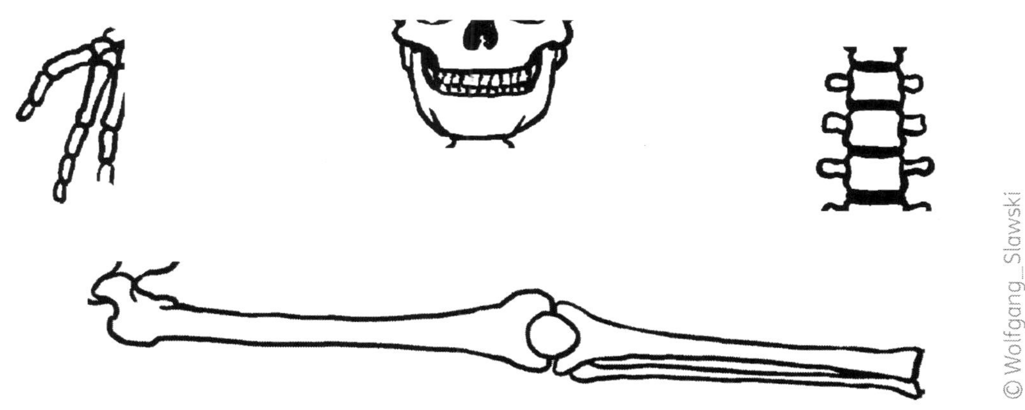

Außerdem findet ihr den folgenden Text:

zählen Stücke ganze einzeln noch nur ihr müsst jetzt, Fuß bis Kopf von ich gehöre Teil welchem Zu

 Löst das Rätsel.

 Gebt die Zahlen ins Schloss ein und gelangt so zum nächsten Rätsel.

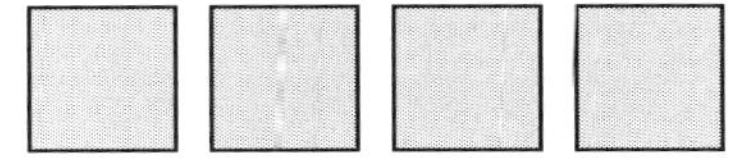

Der eisige Schlosskeller – Rätsel
Wirbelsäule

Die Tür öffnet sich und ihr tretet in einen schmalen länglichen Gang. Nach einem geraden Stück macht der Gang einen Bogen nach links. Am Ende des Ganges stoßt ihr auf ein schweres Eisentor. Es ist natürlich verschlossen. Diesmal hängt aber keine Nachricht direkt an der Tür. Ihr sucht überall nach einem Hinweis.
Schließlich setzt ihr euch entmutigt auf den Boden. Geschafft und seufzend lehnt ihr die Köpfe an die Wand und schaut gegen die Decke. Ihr reißt die Augen auf – steht da nicht etwas an der Decke?

WER BIN ICH?

STABIL HALTE ICH DAS GEWICHT, SODASS ICH EINEN RUCKSACK TRAGEN KANN. ICH BESTEHE AUS VIELEN EINZELNEN TEILEN, DIE SICH FAST IMMER MIT WEICHEREN TEILEN MIT EINEM GALLERTARTIGEN KERN ABWECHSELN.

AM ABEND BIN ICH KÜRZER ALS MORGENS, DA ICH GESTAUCHT WERDE UND WASSER VERLIERE, WENN ICH MICH VIEL BEWEGE.

INSGESAMT BIN ICH SEHR BEWEGLICH, KANN MICH BIEGEN, OBWOHL ICH UNTEN VERKNÖCHERT BIN. GANZ OBEN AM HALS BESTEHE ICH AUS ? BAUSTEINEN. DANN FOLGEN GANZE ?? BAUSTEINE. BEVOR ICH UNTEN VERKNÖCHERE, HABE ICH NOCH EINMAL ? BAUSTEINE.

VIELE DER BAUSTEINE HABEN FORTSÄTZE IN DREI RICHTUNGEN. VON DER SEITE SEHE ICH AUS WIE EIN BUCHSTABE IN DOPPELTER FORM. ICH BESTEHE AUS KNOCHEN UND VON OBEN BIS UNTEN VERLÄUFT EINE WICHTIGE VERBINDUNGSBAHN – EIN SOGENANNTES MARK.

Löst das Rätsel.

Gebt die Zahlen der Reihe nach ins Schloss ein und gelangt so zum nächsten Rätsel.

Der eisige Schlosskeller – Rätsel

Skelett und Gelenke I

Das schwere Eisentor lässt sich zwar nur schwer aufschieben, aber schließlich gelangt ihr in einen weiteren Raum. Der Raum hat sehr hohe Decken und ist rund. Ziemlich weit oben seht ihr ein kleines Fenster. Die Wände bestehen aus großen alten Steinen und es ist eiskalt, sodass ihr eure Jacken noch fester zuzieht. Rundherum befinden sich steinerne Sitzgelegenheiten. Ihr geht näher an die Wände und entdeckt dort eingeritzte Strichlisten. Ist das hier vielleicht im Mittelalter das Verlies gewesen? Es wird euch ein bisschen mulmig. Ihr schaut euch aufmerksam weiter um. Dann entdeckt ihr Buchstaben auf einzelnen Steinen der Wand.

Außerdem entdeckt ihr auf dem Boden überall Knochen. Ihr wollt euch gar nicht ausmalen, von wem die sein könnten …

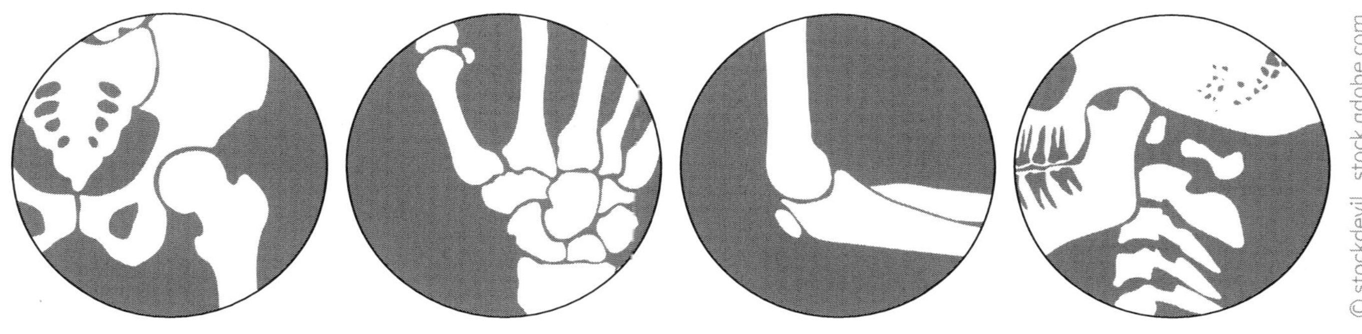

Was bewegt sich wie? Benenne die Knochen, sortiere nach dem 26er-System und zähle durch!

Löst das Rätsel.

Gebt die Zahlen ins Schloss ein und gelangt so zum nächsten Rätsel.

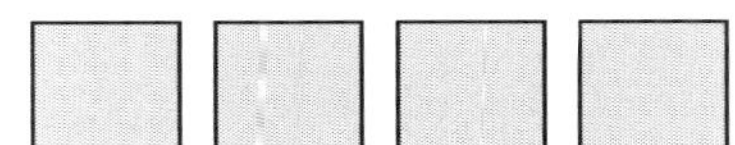

Der eisige Schlosskeller – Rätsel
Skelett und Gelenke II

Ihr findet euch in einem Raum mit einem tiefen Brunnen wieder. Er steht genau in der Mitte des Raumes, ist mit einem Gitter eingefasst, sodass man nicht reinfallen oder ihn als Ausweg nutzen kann. Er ist gemauert und die Mauersteine scheinen etwas Besonderes zu sein.

START | GELENKE	AB
KNOCHEN GEGEN	DIE KNOCHENFLÄCHEN
DÄMPFT STÖSSE	NENNT MAN
DURCH GELENKKNORPEL	GELENKKOPF UND GELENKPFANNE
GELENKSCHMIERE	GESCHÜTZT SIND
UMGEBEN. | ENDE	EINER GELENKKAPSEL
KNOCHEN UND	EINANDER ZU BEWEGEN
ZUM SCHUTZ UND	SCHÜTZT DEN
IST IM GELENKSPALT	DIE ZWEI KNOCHEN IM GELENK
DER KNORPEL	REIBUNGSLOSEN
BEWEGEN. DAS	GELENK IST VON
	ERLAUBEN ES

Ihr findet einen Hinweis: Vom Start bis zum Ende ist es aufgebaut und verbirgt so die Reihenfolge des Versteckten. Schneidet Striche nicht weg.

Löst das Rätsel.

Gebt die Zahlen ins Schloss ein und gelangt so zum nächsten Rätsel.

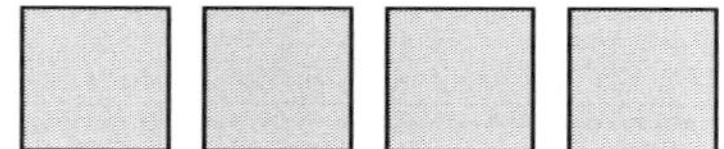

Der eisige Schlosskeller – Rätsel

Muskeln

Mit einem hörbaren Knack öffnet sich eine geheime Tür in der Wand. Gemeinsam drückt ihr die schwere Tür auf und steht sogleich in einem riesigen Raum ohne Fenster. Aber am Ende des Raumes seht ihr eine vergitterte Tür. Zu eurer Erleichterung könnt ihr erkennen, dass sie ins Freie führt. Das muss der Ausgang sein!

Plötzlich ertönt über einen Lautsprecher eine Stimme, die immer wieder denselben Text sagt: „Hallo, ich sehe die Gegenspieler: Rücken, Beinbeuger, rückwärtige Schultermuskulatur und Trizeps. Wer sind meine Spieler?"

Ihr erkennt, dass an der Tür eine Schriftrolle hängt. Ihr lauft rüber und öffnet sie:

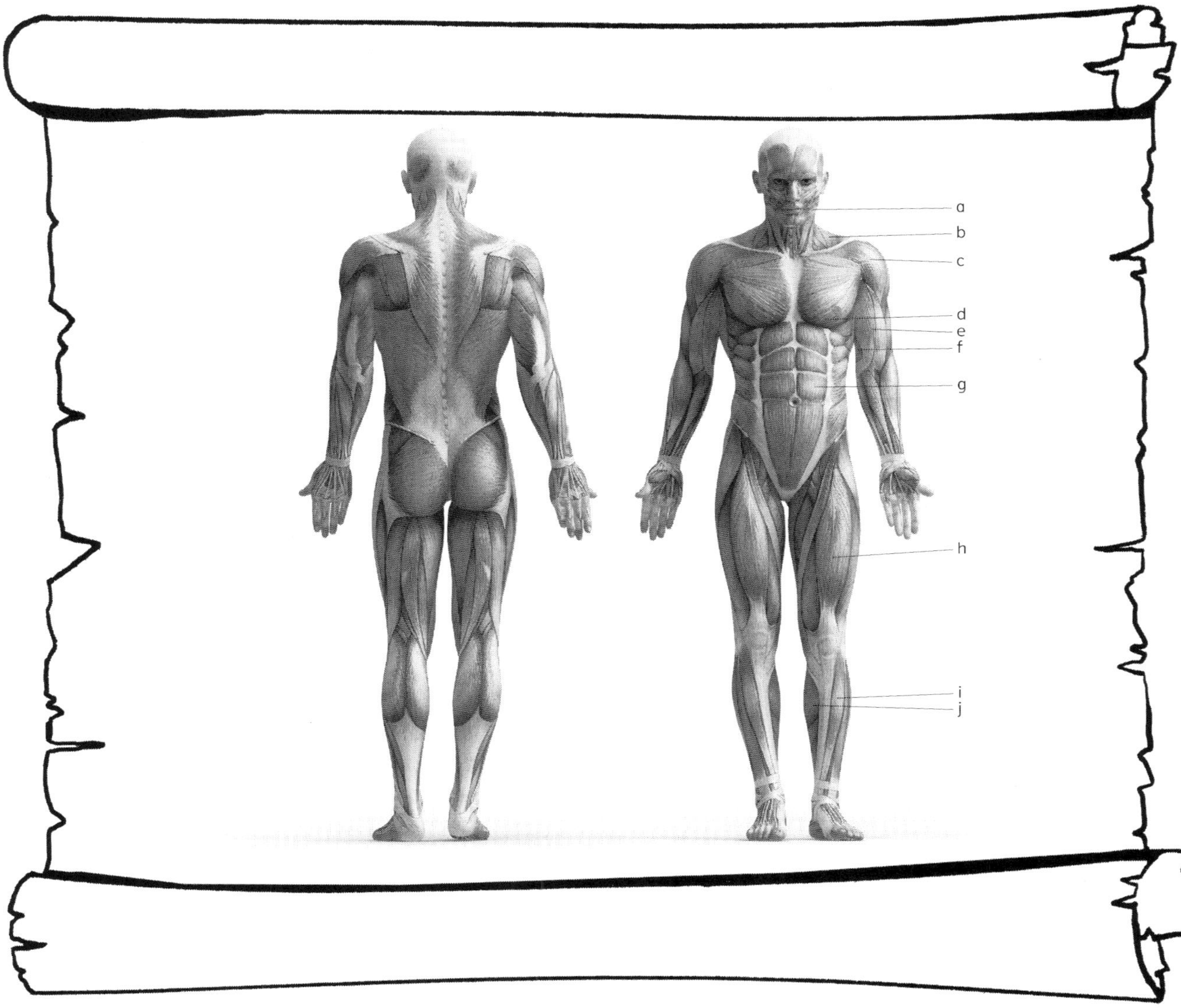

a
b
c
d
e
f
g
h
i
j

Löst das Rätsel.

Gebt die Zahlen nach dem bekannten 26er-System ins Schloss ein und gelangt so zurück in die Freiheit.

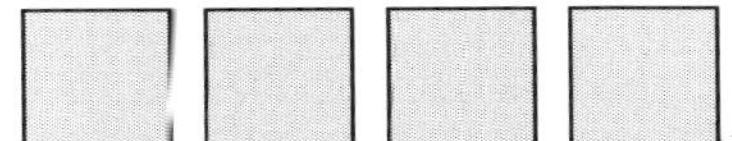

Der eisige Schlosskeller – Spielende

Hinweis für die Lehrkraft: *Die Nachricht abschneiden, zusammenfalten und in den letzten Umschlag oder ein verschlossenes Kästchen legen. Die Nachricht markiert das Spielende.*

Herzlichen Glückwunsch!

Ihr habt das Schloss der vergitterten Tür mithilfe des letzten vierstelligen Codes knacken können. Erleichtert atmet ihr die frische Luft im Freien ein und seid froh, das Schloss endlich verlassen zu können.

Ihr macht euch auf den Heimweg. Dabei bemerkt ihr nicht, wie euch die Schlossherrin zum Abschied traurig hinterherwinkt!

Der eisige Schlosskeller – Hinweiskarten

Hinweis 1

Die Bilder zeigen nicht vollständige Skelettteile. Den Text muss man vielleicht noch herumdrehen?!

Hinweis 2

Ihr müsst die Skelettteile von Kopf bis Fuß sortieren und nur die vollständig sichtbaren Knochen zählen. Bei zweistelligen Zahlen tragt den hinteren Teil ein.

Hinweis 1

Die „Gesuchte“ im Gedicht ist die Wirbelsäule.

Hinweis 2

erste Zahl = ◊
49 = ◊ × ◊

zweite und dritte Zahl = ○
6 × 2 = ○

vierte Zahl = □
100 : □ = 20

Hinweis 1

In den Steinen steht ein Satz. Er gibt den Hinweis auf die verschiedenen Gelenktypen. Benennt die Knochen und sortiert sie den Gelenkarten zu.

Hinweis 2

Die Bilder zeigen Hüfte, Daumen, Ellenbogen und Halswirbel. Sortiert nach den Anfangsbuchstaben, zählt durch und nutzt nur den hinteren Zahlenteil.

Hinweis 1

Schneidet die einzelnen Mauerstücke des Brunnens aus und puzzelt Sätze daraus.

Hinweis 2

Manche Mauerstücke enthalten neben Wörtern auch noch etwas anderes …

Hinweis 1

Bei der Muskulatur gibt es immer Spieler und Gegenspieler, die zusammenarbeiten. Ihr müsst die passenden Spieler zu den Gegenspielern finden.

Hinweis 2

Die Muskeln sind mit Buchstaben gekennzeichnet. Welcher Stelle / Zahl entsprechen sie im Alphabet?

Rätsel 1 – Skelett und Skeletttteile:

Handskelett: 10 vollständige Knochen; Kopfskelett: 1 vollständiger Knochen; Wirbelsäule: 3 vollständige Knochen; Beinskelett: 4 vollständige Knochen

Zahlencode: | 1 | 3 | 0 | 4 |

Rätsel 2 – Wirbelsäule

Ganz oben am Hals bestehe ich aus **7** Bausteinen. Dann folgen ganze **12** Bausteine. Bevor ich unten verknöchere, habe ich noch einmal **5** Bausteine.

Zahlencode: | 7 | 1 | 2 | 5 |

Rätsel 3 – Skelett und Gelenke I

Ein gedrehter (Drehgelenk) Sattel (Sattelgelenk) hängt kugelförmig (Kugelgelenk) an einem Scharnier (Scharniergelenk).

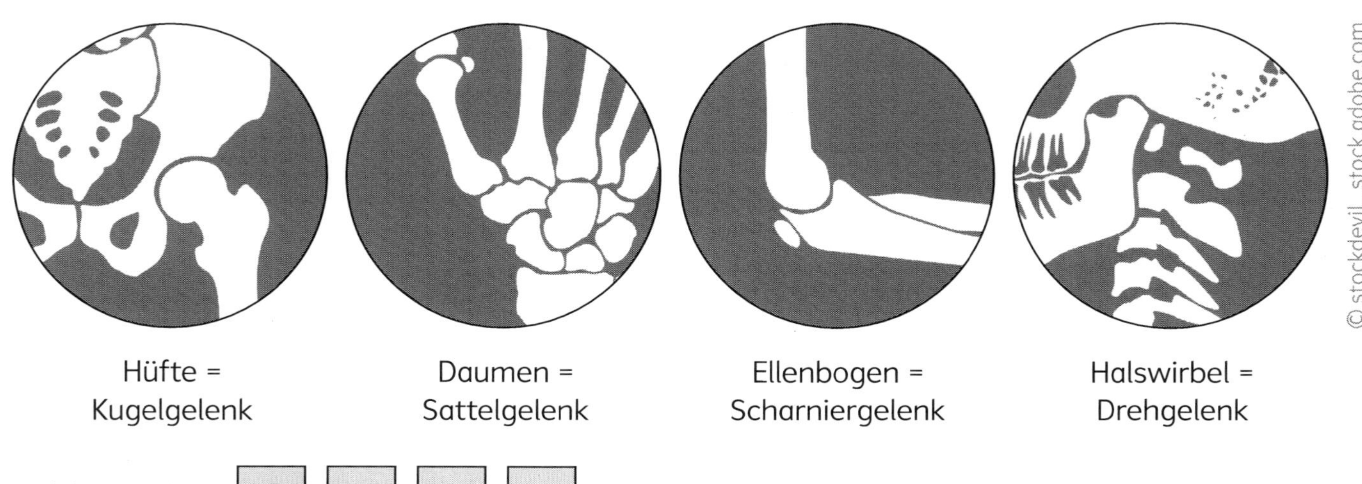

Hüfte = Kugelgelenk	Daumen = Sattelgelenk	Ellenbogen = Scharniergelenk	Halswirbel = Drehgelenk

Zahlencode: | 6 | 0 | 0 | 5 |

Rätsel 4 – Skelett und Gelenke II

Start | Gelenke erlauben es, Knochen gegeneinander zu bewegen. **3** Die zwei Knochen im Gelenk nennt man Gelenkkopf und Gelenkpfanne. **7** Geschützt sind die Knochenflächen durch Gelenkknorpel. **4** Der Knorpel dämpft Stöße ab. **9** Gelenkschmiere schützt den Knochen und ist im Gelenkspalt zum reibungslosen Bewegen. Das Gelenk ist von einer Gelenkkapsel umgeben. | Ende

Zahlencode: | 3 | 7 | 4 | 9 |

Rätsel 5 – Muskeln

Rücken – Bauch = g = 7; Beinbeuger – Beinstrecker / Quadrizeps = h = 8;
rückwärtige Schultermuskulatur – Brustmuskulatur = d = 4; Trizeps – Bizeps = e = 5

Zahlencode: | 7 | 8 | 4 | 5 |

Die verfallene Waldhütte – Einstiegsgeschichte

***Hinweis für die Lehrkraft:** Die Einstiegsgeschichte den Schülerinnen und Schülern zu Beginn des Spiels vorlesen.*

„Wie weit ist es denn noch?" „Mir tun die Beine weh!" „Ich schwitze!" Eure Klassenwanderung trifft nicht bei allen auf Begeisterung. Dabei seid ihr erst vor zwei Stunden zu eurer Wanderung aufgebrochen, da kann man eigentlich noch nicht so kaputt sein. Außerdem ist der Waldweg ganz schön, denkt ihr für euch. Ungefähr auf der Hälfte der Strecke soll es eine Waldhütte geben, an der ihr Rast machen wollt.

Der Weg wird auf einmal deutlich mühsamer. Ihr könnt nur noch hintereinanderlaufen und es geht steil aufwärts. Links und rechts vom Weg ist grüner, bemooster Waldboden, über euch erheben sich meterhohe Fichten, Douglasien und Tannen. „Langsam könnten wir aber wirklich mal an dieser blöden Hütte angekommen sein", sagt derjenige, der vor euch läuft. „Recht hat er", denkt ihr, schließlich müsst ihr das alles auch wieder zurücklaufen.

Nach weiteren zehn Minuten Fußmarsch bergauf lichten sich die Bäume und ihr findet euch auf einem hohen Plateau mit freier runder Rasenfläche wieder. Endlich habt ihr es geschafft! Am anderen Ende des Platzes seht ihr die versprochene Waldhütte. Ihr lauft rüber zu ihr in der Hoffnung auf ein gutes Plätzchen im Schatten und eine erfrischende Limo. Aber als ihr ankommt, müsst ihr feststellen, dass sie in schlechterem Zustand ist als erwartet. Die Hütte sieht verlassen aus. Weit und breit könnt ihr kein Schild mit der Aufschrift „Kiosk" oder „Snacks" erkennen. Noch nicht einmal eine Toilette ist in Sicht. Genervt blickt ihr euch um. Da entdeckt jemand ein dickes Tau, das vom Dach der Hütte herunterhängt. Auf einem kaum noch zu lesenden Pappschild steht in Großbuchstaben „NICHT ZIEHEN", doch dafür ist es schon zu spät. Natürlich hat jemand aus eurer Klasse schon voller Elan daran gezogen.

Der Zug am dicken Tau hat einen Mechanismus in Gang gesetzt. Ehe ihr flüchten könnt, bricht plötzlich der Boden unter euren Füßen weg und ihr landet ein bisschen unsanft in einer Fallgrube. Ihr schreit laut vor Schreck.

Nachdem sich der erste Schock gelegt hat, könnt ihr festhalten, dass sich glücklicherweise niemand verletzt hat. Die Grube ist allerdings so tief, dass ihr nicht wieder herausklettern könnt. Ihr sucht die Wände nach einem Ausgang ab. Da entdeckt jemand aus eurer Klasse eine Falltür im Boden unter euch. Ihr öffnet die Klappe und erblickt eine Treppe, die weiter herunterführt. Sollt ihr da wirklich runtersteigen?

Ihr schaut euch an, dabei fällt euer Blick auf die aufgeklappte Falltür. An ihr ist folgender Text angeschlagen:

Hinweis für die Lehrkraft: *Die Nachricht abschneiden, zusammenfalten und den Lernenden am Ende der Einstiegsgeschichte präsentieren. Die Nachricht markiert den Spielbeginn.*

Liebe Hüttenbesucherinnen und -besucher,

leider musste ich meine Hütte schon vor einiger Zeit schließen. Als sie noch geöffnet war, hatte ich zur Sicherheit vor einem Überfall eine Fallgrube gebaut. Scheinbar habt ihr euch nicht an die Aufschrift auf dem Tau gehalten. So seid ihr nun hier gelandet.

Nun müsst ihr schauen, wie ihr wieder rauskommt. Dazu müsst ihr zunächst die Treppe heruntersteigen, da gelangt ihr in den Keller der Waldhütte. Von dort aus müsst ihr euch dann bis nach oben in die Waldhütte vorarbeiten, um diese von innen nach draußen verlassen zu können.

Der Weg ist durch fünf Rätsel gesichert. Es müssen immer vierstellige Zahlencodes gefunden werden, die in das jeweilige Schloss einzugeben sind. Vielleicht schafft ihr es ja, dann seid ihr in Nullkommanichts hier wieder raus.

Gelingt es nicht, müsst ihr durchhalten, bis mein jährlicher Besuch bei der Hütte ansteht! Für den Fall findet ihr im Keller ein paar Konserven mit Essen. Ich hoffe, die reichen!

Alles Gute – A. Holzmann

„Dann mal los, wäre doch gelacht, wenn wir das nicht schaffen!“, sagt eine aus der Gruppe. Vorsichtig geht ihr die Treppe tief runter in den Waldboden. Ihr gelangt in einen Raum mit schwachem Licht. Als sich eure Augen an die Dunkelheit gewöhnt haben, erkennt ihr den Kellerraum von dem A. Holzmann geschrieben hat. An der Wand befinden sich eine Karte und ein paar Plakate:

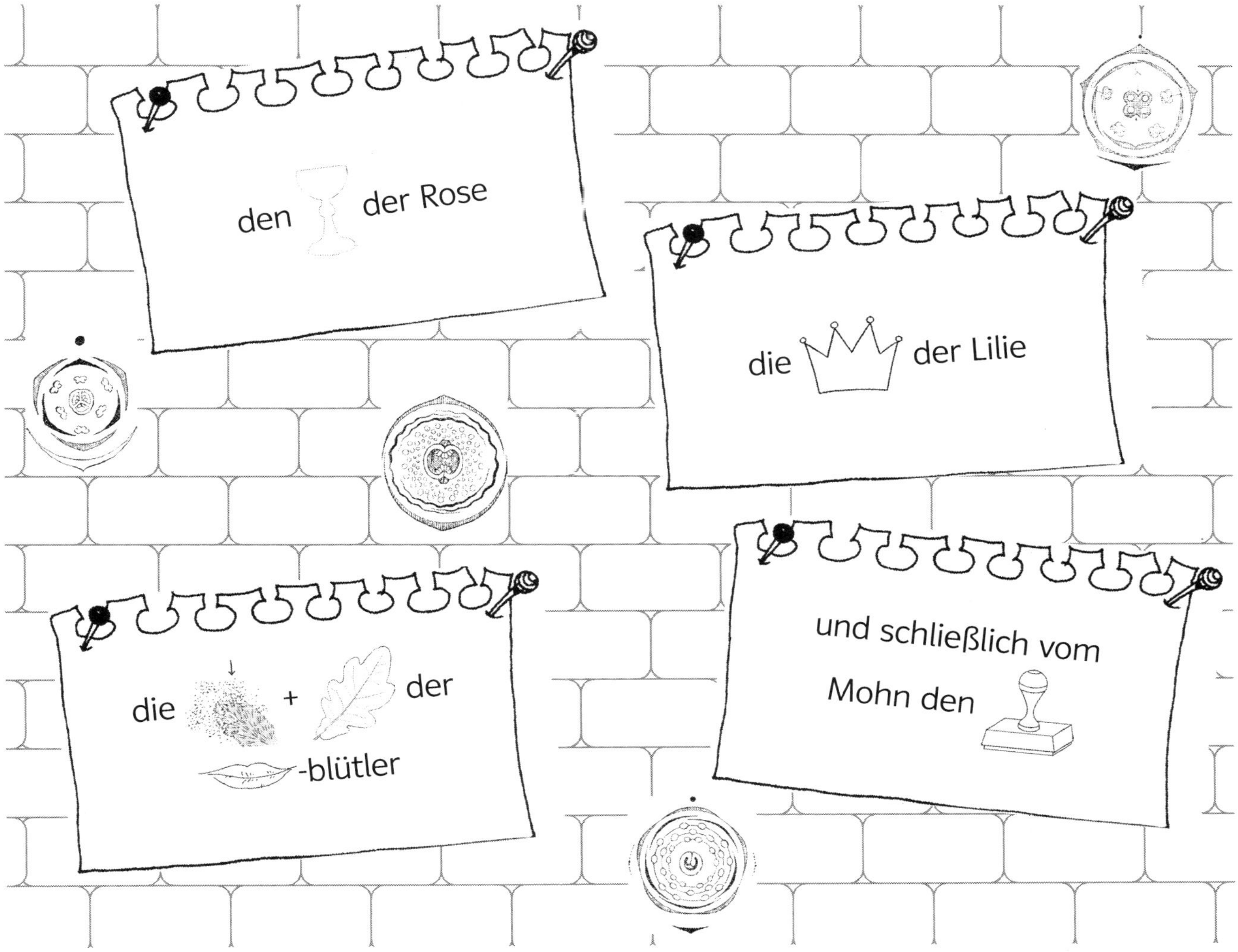

den [Kelch] der Rose

die [Krone] der Lilie

die [Staub] + [Blatt] der [Mund] -blütler

und schließlich vom Mohn den [Stempel]

Löst das Rätsel.

Gebt die Zahlen ins Schloss ein.

Die verfallene Waldhütte – Rätsel

Aufbau und Funktion von Blütenpflanzen

Das hat super funktioniert, schon seid ihr im zweiten Kellerraum. Wieder hängt ein Bild an der Wand und daneben Zahlen mit kleinen Strichen.

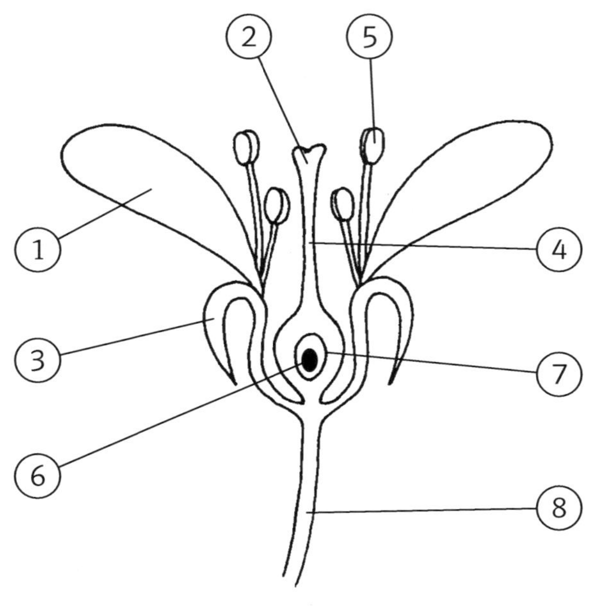

1 _ _

2 _ _ _ _ _ _ _ _

3 _ _ _ _ _ _ _ _ _ _

4 _ _ _ _ _ _ _

5 _ _ _ _ _ _ _ _ _ _ _

6 _ _ _ _ _ _ _

7 _ _ _ _ _ _ _ _ _ _ _ _

8 _

Löst das Rätsel.

Gebt die Zahlen der Reihe nach ins Schloss ein.

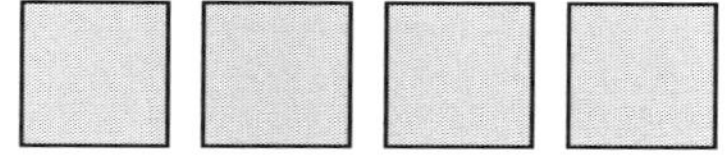

Die verfallene Waldhütte – Rätsel

Blütenpflanzen im Jahresgang

Das war eine kleine Knobelarbeit, aber gemeinsam konntet ihr das Rätsel lösen. Im dritten Raum scheint diesmal nichts an der Wand zu hängen. Dafür wirkt der Boden irgendwie anders. In der Mitte des Raums gibt es eine große kreisförmige Unebenheit. In einer der Ecken des Raums entdeckt ihr folgende Teile:

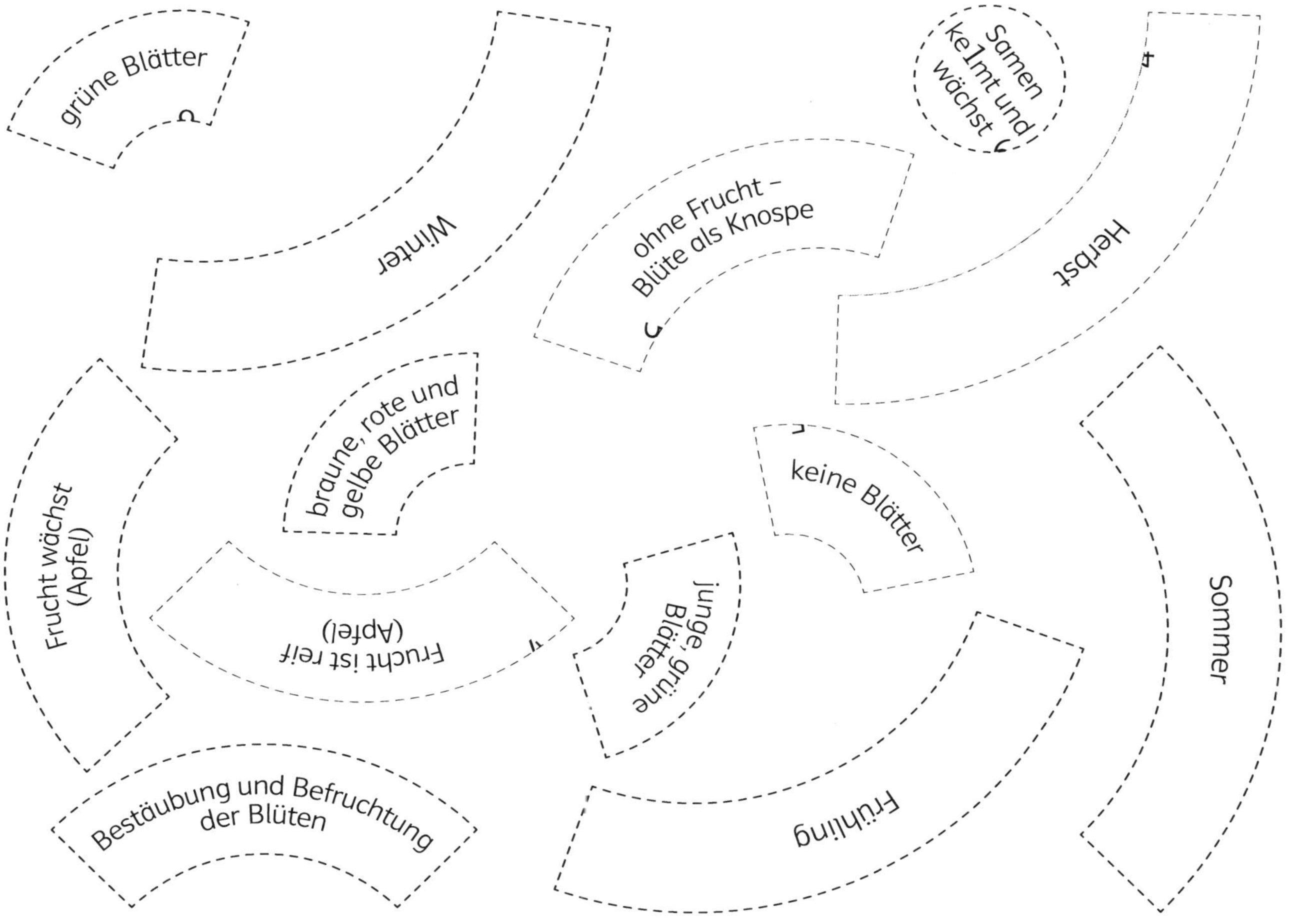

grüne Blätter

Winter

Samen keimt und wächst

Herbst

ohne Frucht – Blüte als Knospe

braune, rote und gelbe Blätter

keine Blätter

Sommer

Frucht wächst (Apfel)

Frucht ist reif (Apfel)

junge, grüne Blätter

Bestäubung und Befruchtung der Blüten

Frühling

Löst das Rätsel.

Findet dann die Zahlen und gebt sie von innen nach außen ins Schloss ein.

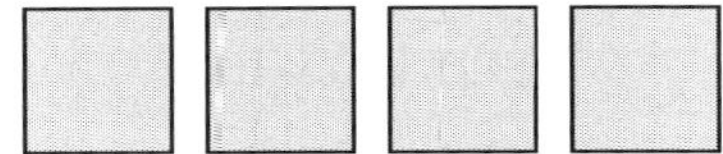

Die verfallene Waldhütte – Rätsel

Bestäubung und Befruchtung

Ihr gelangt in den nächsten Raum. Sofort erblickt ihr eine Tür, auf der groß „Treppe“ steht. Dahinter geht es vermutlich endlich wieder nach oben! Ihr schaut euch die Tür genauer an und entdeckt die folgenden Symbole.

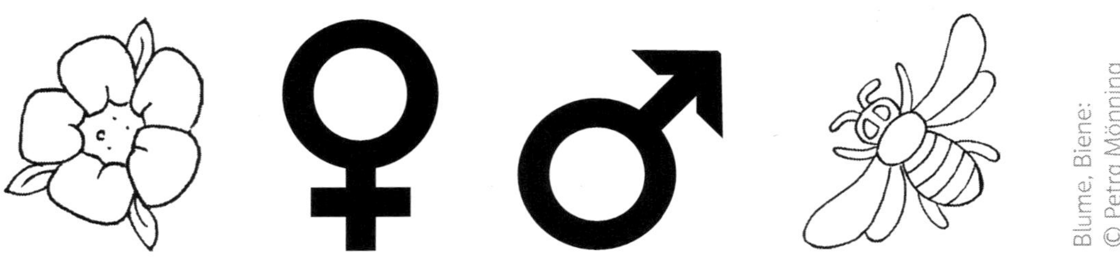

Blume, Biene: © Petra Mönning

Im Raum startet auf einmal ein Beamer und projiziert den folgenden Text an die Wand:

Mit den prächtigen Farben der **Kronblätter** und dem Duft der **Blüte** und des Nektars werden **Insekten** angelockt. Zum Beispiel **Bienen** saugen den süßen Nektar vom **Blütenboden**. Dabei werden sie mit **Blütenpollen** bepudert und schieben ihn zum Transport in die **Pollenkörbchen** an den Hinterbeinen. Beim Anfliegen von mehreren Blüten verlieren die Insekten nebenbei Pollen auf der zuckerhaltigen klebrigen **Narbe**, die so auf den Narben anderer Blüten liegen bleiben. Das nennt man Bestäubung. Die Pollenkörner beginnen zu keimen. So wächst aus jedem **Pollenkorn** ein **Pollenschlauch** beginnend von der Narbe durch den **Griffel** mit dem Ziel, die Samenanlage im **Fruchtknoten** zu erreichen. Im Fruchtknoten befindet sich die **Eizelle**. Sobald der erste Pollenschlauch die Eizelle erreicht hat, verschmelzen beide Zellen. Das nennt man Befruchtung. Nach der Befruchtung schwillt der Fruchtknoten an und eine Frucht entsteht (z. B. eine Kirsche). Die Blüte verändert sich nach der Befruchtung, indem Blätter, Narbe und Griffel verwelken.

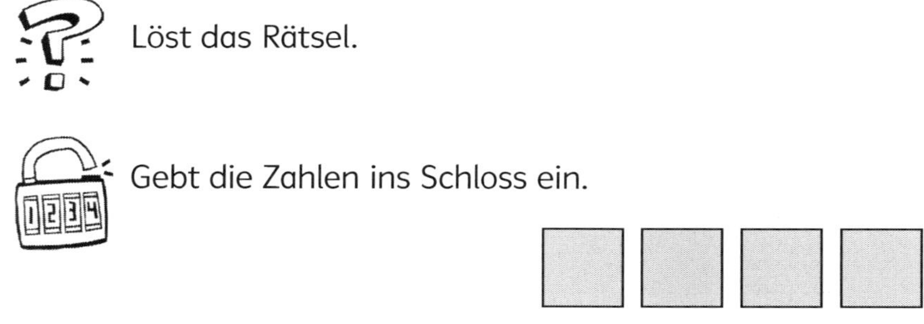

Löst das Rätsel.

Gebt die Zahlen ins Schloss ein.

Die verfallene Waldhütte – Rätsel

Verbreitungsformen von Samen

Endlich raus aus dem Keller. Ihr seid nun oben in der Hütte angekommen. Hier war schon lange niemand mehr. Auf den ersten Blick könnt ihr zwar das Schloss an der Tür finden und einen Spruch an der Tür „Selbst sind die Tiere im Wasser und im Wind!", aber sonst nichts. Der fällt euer Blick auf den Fußboden. Er besteht aus quadratischen Steinplatten. Euch fällt sofort auf, dass zweimal sechs Platten mit gestrichelten Linien umrandet sind sowie gepunktete Linien haben:

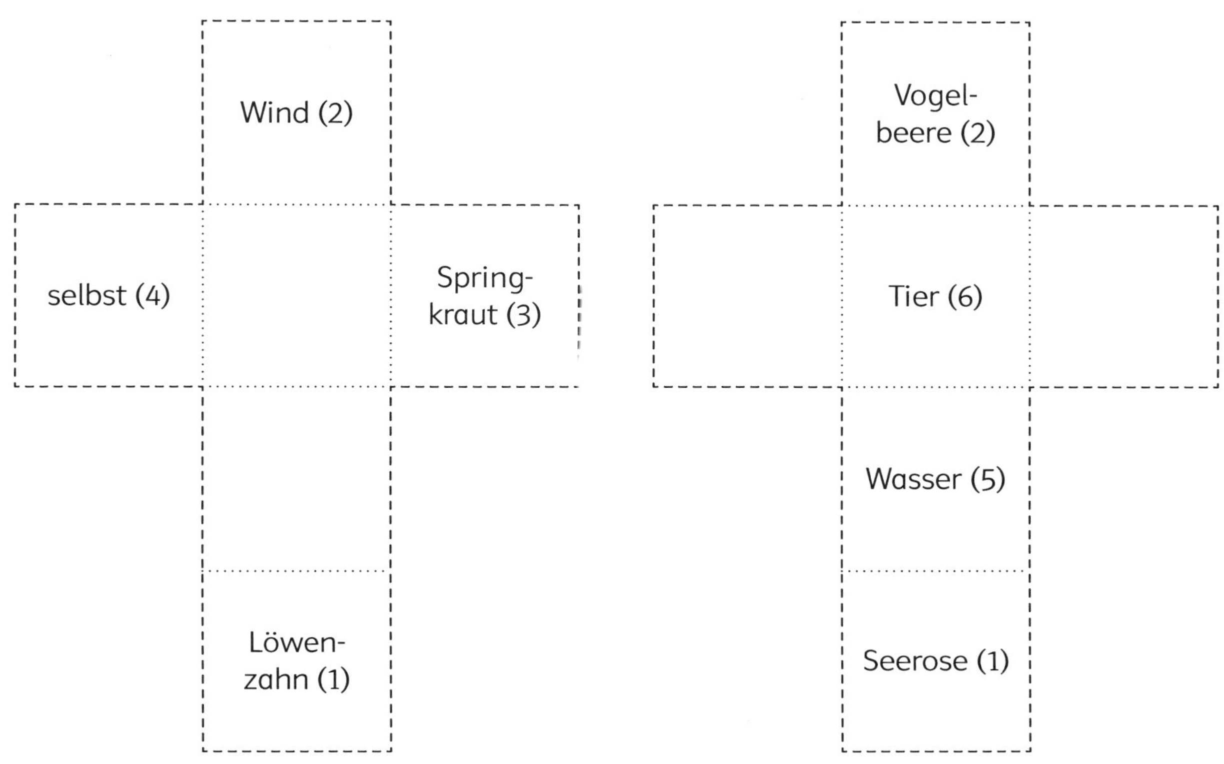

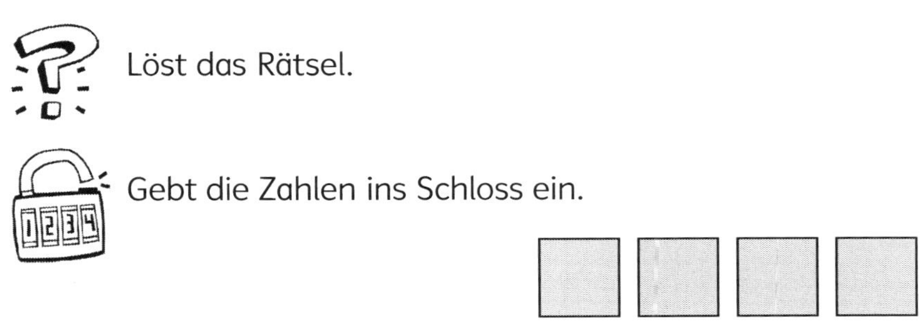

Löst das Rätsel.

Gebt die Zahlen ins Schloss ein.

Die verfallene Waldhütte – Spielende

Hinweis für die Lehrkraft: *Die Nachricht abschneiden, zusammenfalten und in den letzten Umschlag oder ein verschlossenes Kästchen legen. Die Nachricht markiert das Spielende.*

Herzlichen Glückwunsch!

Nachdem sich die Hüttentür geöffnet hat, gelangt ihr wieder nach draußen. Jetzt bloß nicht noch einmal in die noch offene Fallgrube fallen. Ihr seid ganz schön geschafft, habt Durst und Hunger. Plötzlich erblickt ihr am anderen Ende des Plateaus eine große Hütte. Schon von Weitem erkennt man das Leuchtschild „Snacks". Nichts wie los. Diesmal schaut ihr aber genauer hin, bevor ihr an irgendetwas zieht.

Hinweis 1 (1)

Ihr müsst die Bilder durch Wörter ersetzen und die genannten Gewächse den Blütendiagrammen zuordnen.

Hinweis 2 (1)

Die vier Blütendiagramme zeigen die Gewächse mit Kelch-, Kron- und Staubblättern sowie dem Stempel von oben.

Hinweis 1 (2)

Findet zunächst alle Begriffe für 1–8.

Hinweis 2 (2)

Leider passen nicht alle Begriffe neben ihre Zahl. Aber da, wo es passt, erhaltet ihr eine Zahl für das Schloss.

Hinweis 1 (3)

In der Mitte mit dem vollständigen Kreis müsst ihr starten. Der äußere Kreis ist ebenfalls einfach zu legen.

Hinweis 2 (3)

Dreht die Kreise so, dass ihr die Schrift richtig lesen könnt, und findet die Zahlen.

Hinweis 1 (4)

Achtet auf die fett gedruckten Begriffe. Versucht, sie in Verbindung zu den Symbolen zu setzen.

Hinweis 2 (4)

Zu jedem Symbol können mindestens drei fett gedruckte Begriffe zugeordnet werden. Die Anzahl der Begriffe ergibt den Code.

Hinweis 1 (5)

Schneidet die Gebilde aus und faltet sie an den gepunkteten Linien, sodass die Schrift außen ist. Es ergibt sich eine bekannte Form.

Hinweis 2 (5)

Pro Würfel gehören immer zwei Seiten zusammen. Der Spruch gibt die Reihenfolge der Zahlen vor.

Die verfallene Waldhütte – Lösungen

Rätsel 1 – Pflanzenfamilien:

Rose = Blütendiagramm unten Mitte = 5 Kelchblätter
Lilie = Blütendiagramm ganz links = 6 Kronblätter
Lippenblütler = Blütendiagramm rechts oben = 4 Staubblätter
Mohn = Blütendiagramm Mitte = 1 Stempel

Zahlencode: | 5 | 6 | 4 | 1 |

Rätsel 2 – Aufbau und Funktion von Blütenpflanzen:

3 K E L C H B L A T T
5 S T A U B B E U T E L

4 S T E M P E L
7 F R U C H T K N O T E N

Zahlencode: | 3 | 4 | 5 | 7 |

Rätsel 3 – Blütenpflanzen im Jahresgang:

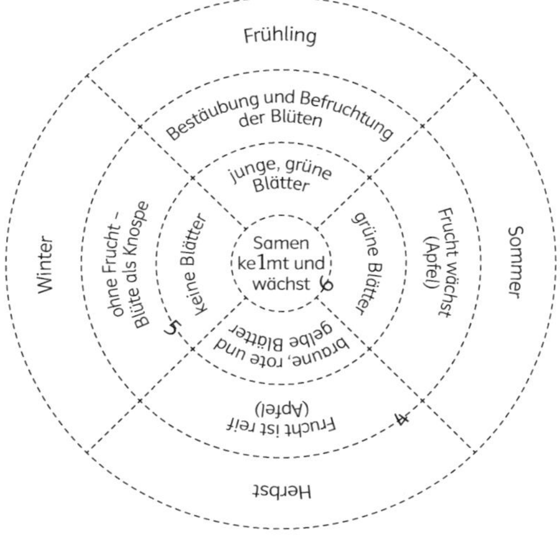

Zahlencode: | 1 | 6 | 5 | 4 |

Rätsel 4 – Bestäubung und Befruchtung:

Kronblätter
Blüte
Blütenboden

Narbe
Eizelle
Griffel
Fruchtknoten

Blütenpollen
Pollenkorn
Pollenschlauch

Bienen
Pollenkörbchen
Insekten

Zahlencode: | 3 | 4 | 3 | 3 |

Rätsel 5 – Verbreitungsformen von Samen:

selbst und Springkraut: 4 + 3 = 7
Wasser und Seerose: 5 + 1 = 6

Tier und Vogelbeere: 6 + 2 = 8
Wind und Löwenzahn: 2 + 1 = 3

Zahlencode: | 7 | 8 | 6 | 3 |

Mysteriöses Gewitter – Einstiegsgeschichte

Hinweis für die Lehrkraft: *Die Einstiegsgeschichte den Schülerinnen und Schülern zu Beginn des Spiels vorlesen.*

Ihr seid auf Klassenfahrt am Meer. Heute steht eine große Wanderung am kilometerlangen Strand mit Dünen und in den Salzwiesen an. Eure Füße tun schon bald vom Laufen weh, aber der klare Himmel, die kühle salzige Luft, der Geruch des Meers, das Rauschen der Wellen und der Sand unter euren Füßen machen die Wanderung erträglich.
Über euch kreisen Möwen, es laufen Krebse auf dem Sand herum, in weiter Ferne entdeckt ihr einen rot-weiß gestreiften Leuchtturm. Der sieht von hier noch klein aus, aber wenn man davorsteht, ist er bestimmt riesig. Gestern Abend habt ihr beobachtet, wie der Turm den Schiffen zuleuchtet, damit keines ins flache Wasser kommt und auf Grund läuft. Wer die Türme wohl Nacht für Nacht zum Leuchten bringt? Gerade erzählt deine Lehrerin passenderweise, dass das heutzutage alles elektronisch gesteuert wird. Früher musste jedoch immer ein Leuchtturmwärter vor Ort sein, um die Petroleumlampen anzuzünden.

Auf einmal frischt der Wind spürbar auf und eure Haare werden ordentlich durchgewirbelt. Ihr setzt die Kapuze auf und wie aufs Stichwort fängt es heftig an zu regnen. „Was ein Schietwetter, sagt man hier im Norden dazu", schreit eure Lehrerin gegen den tosenden Wind an. „Hier an der See kann das Wetter vom einen auf den anderen Moment umschlagen, aber so habe ich das auch noch nicht erlebt!", hört ihr sie weitersprechen.

Ein lautes Donnergrollen übertönt für einen kurzen Moment den laut prasselnden Regen. Ihr seid schon ganz durchnässt. Durch das Gewitter hat sich der Himmel so sehr verdunkelt, dass ihr kaum noch etwas seht. Ihr haltet euch aneinander fest und bewegt euch langsam vorwärts.

„Schaut mal, sollen wir hier reingehen? Das ist der Leuchtturm, oder?", fragt Theo. „Kann das wirklich schon der entfernte Leuchtturm sein?", denkt ihr noch, aber egal, Hauptsache ihr könnt euch ein bisschen unterstellen. Triefnass tretet ihr Schutz suchend in den Leuchtturm. Durch eine Sturmböe schlägt die schwere Tür direkt hinter euch zu. Zum Glück gibt es hier drin Licht. Ihr seid heilfroh, endlich aus dem Gewitter zu sein. Sofort zieht ihr eure Jacken aus und hängt eure nasse Kleidung an die Haken der Garderobe. Dabei fällt euch folgende Nachricht über den Haken auf:

„Hallo Fremde, willkommen im versteckten Leuchtturm! Sicher habt ihr längst bemerkt, dass sich die Tür nur von außen öffnen lässt! Hier kommt ihr so schnell nicht wieder raus. Es freut mich, dass ich neue Leuchtturmleuchter gefunden habe, die Nacht für Nacht die Lichter für die verschollenen Seelen auf See anzünden!"

Fassungslos guckt ihr euch an. Gerade erst seid ihr dem Gewitter entkommen und nun seid ihr eingesperrt in einem versteckten Leuchtturm. Ihr seid verloren.

Da entdeckt jemand von euch an der Decke eine eingeprägte Nachricht:

***Hinweis für die Lehrkraft:** Die Nachricht abschneiden, zusammenfalten und den Lernenden am Ende der Einstiegsgeschichte präsentieren. Die Nachricht markiert den Spielbeginn.*

✂ -

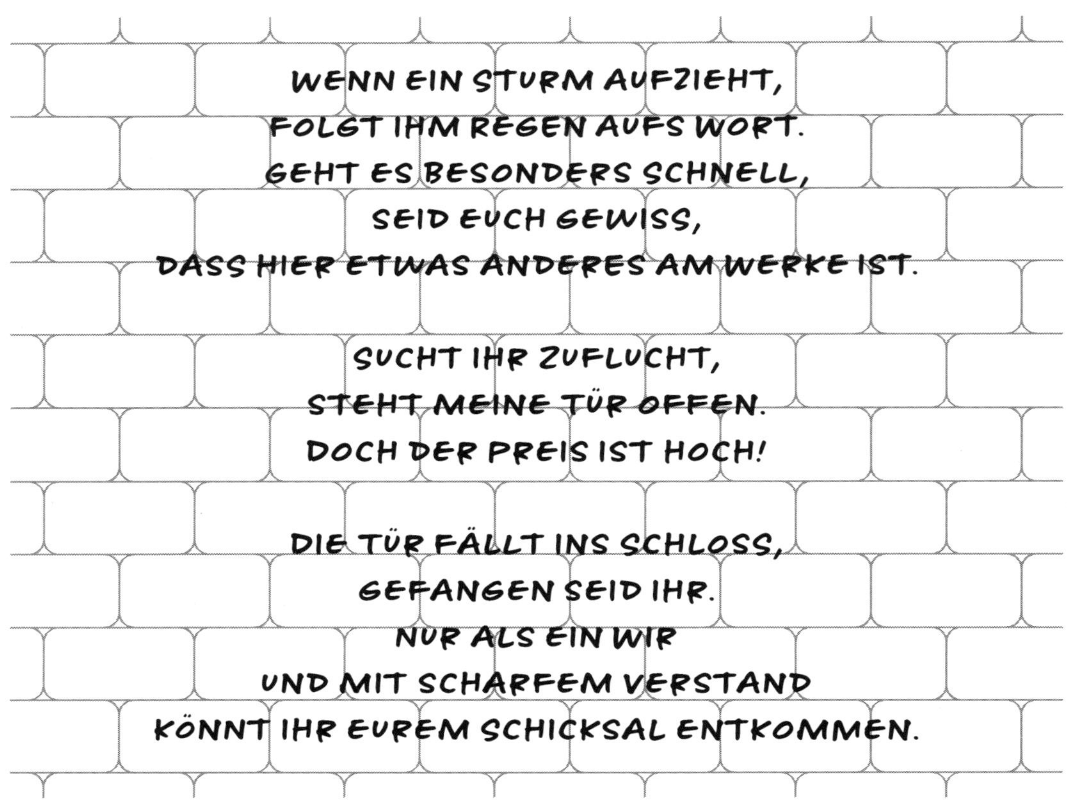

Ihr seht euch im Raum um. Was hängen da für wilde Bilder an der Wand?

Außerdem findet ihr noch den Hinweis: „Wie viele Beine _ _ _ _ _ _ ?“

Löst das Rätsel.

Gebt die Zahlen ins Schloss ein und gelangt so zum nächsten Rätsel.

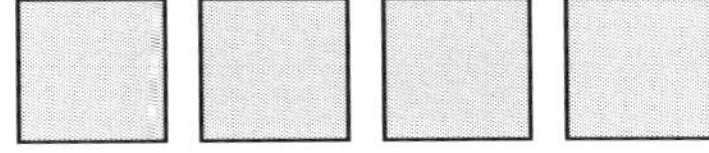

Mysteriöses Gewitter – Rätsel

Stockwerke des Waldes

Nachdem ihr die Zahlen ins Schloss eingegeben habt, öffnet sich eine Deckenklappe und eine Treppe kommt herunter. Ihr steigt nacheinander erwartungsvoll empor und findet euch in einem Raum wieder, dessen Wände komplett aus Metall sind. Es wirkt fast so, als ob ihr in einem Aufzug stehen würdet. Noch viel merkwürdiger sind aber die vier ausgestopften Tiere, die in den Ecken stehen …

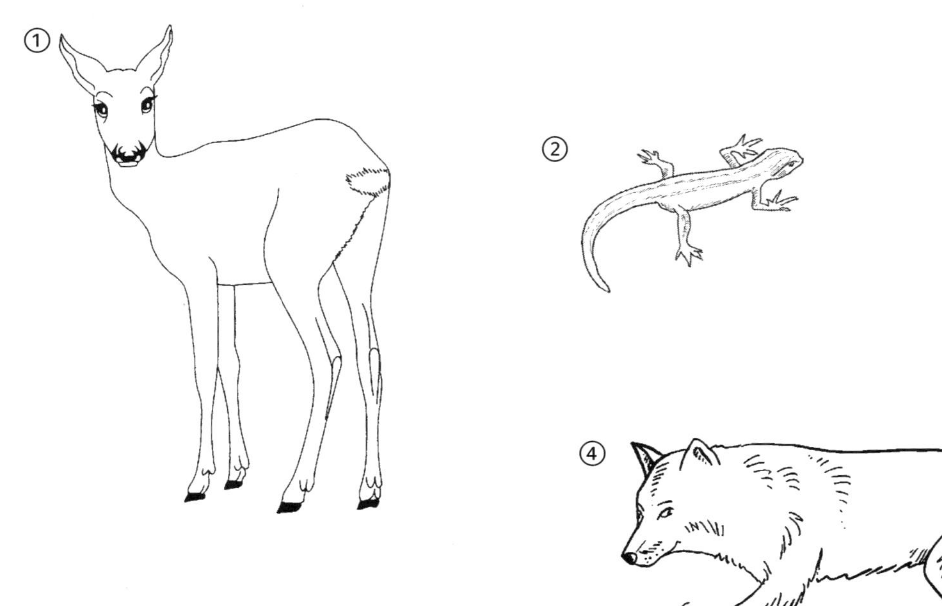

Plötzlich erklingt eine Stimme aus dem Lautsprecher: „Der Ausweg ist nur denen möglich, die nacheinander in die richtigen Stockwerke fahren."

Löst das Rätsel.

- (4) Baumschicht
- (3) Strauchschicht
- (2) Krautschicht
- (1) Moosschicht
- (0) Wurzelschicht

Gebt die richtige Reihenfolge der anzufahrenden Stockwerke ein.

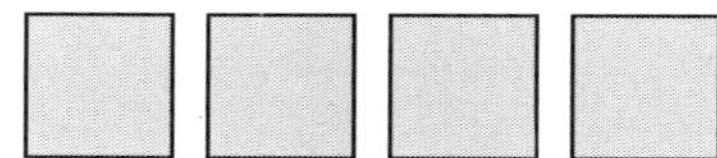

Zum Glück habt ihr die richtige Kombination für den Aufzug herausbekommen. So könnt ihr endlich die ausgestopften Tiere hinter euch lassen und gelangt in den dritten Raum. In ihm befinden sich viele Bilder von Tieren.

„Was und wie viel kommt ***von oben nach unten*** auf den Tisch?"

Buchecker

Buntspecht

Eichelhäher

Raupe

Eichenblatt

Wolf

Maus

Eichhörnchen

Kohlmeise

Reh

Fuchs

Uhu

Walderdbeere

Löst das Rätsel.

Gebt die Zahlen ins Schloss ein.

Mysteriöses Gewitter – Rätsel

Bäume des Waldes

Mit einem Knarzen hat sich nach der korrekten Eingabe in das Schloss erneut eine Treppe nach oben in die nächste Etage ausgeklappt. Vorsichtig steigt ihr sie empor.
Auf der letzten Treppenstufe lest ihr die eingeritzten Worte: „Den Wald vor lauter Nadelbäumen, Laubbäumen, Früchten und Blättern nicht mehr zu sehen, ist wenig schön. Räumt auf und sortiert am Ende nach dem bekannten 26er-System.“
Ihr blickt auf und könnt euren Augen kaum glauben: In dem Raum erwarten euch vier große Bäume und eine Menge Blätter und Früchte auf dem Boden.

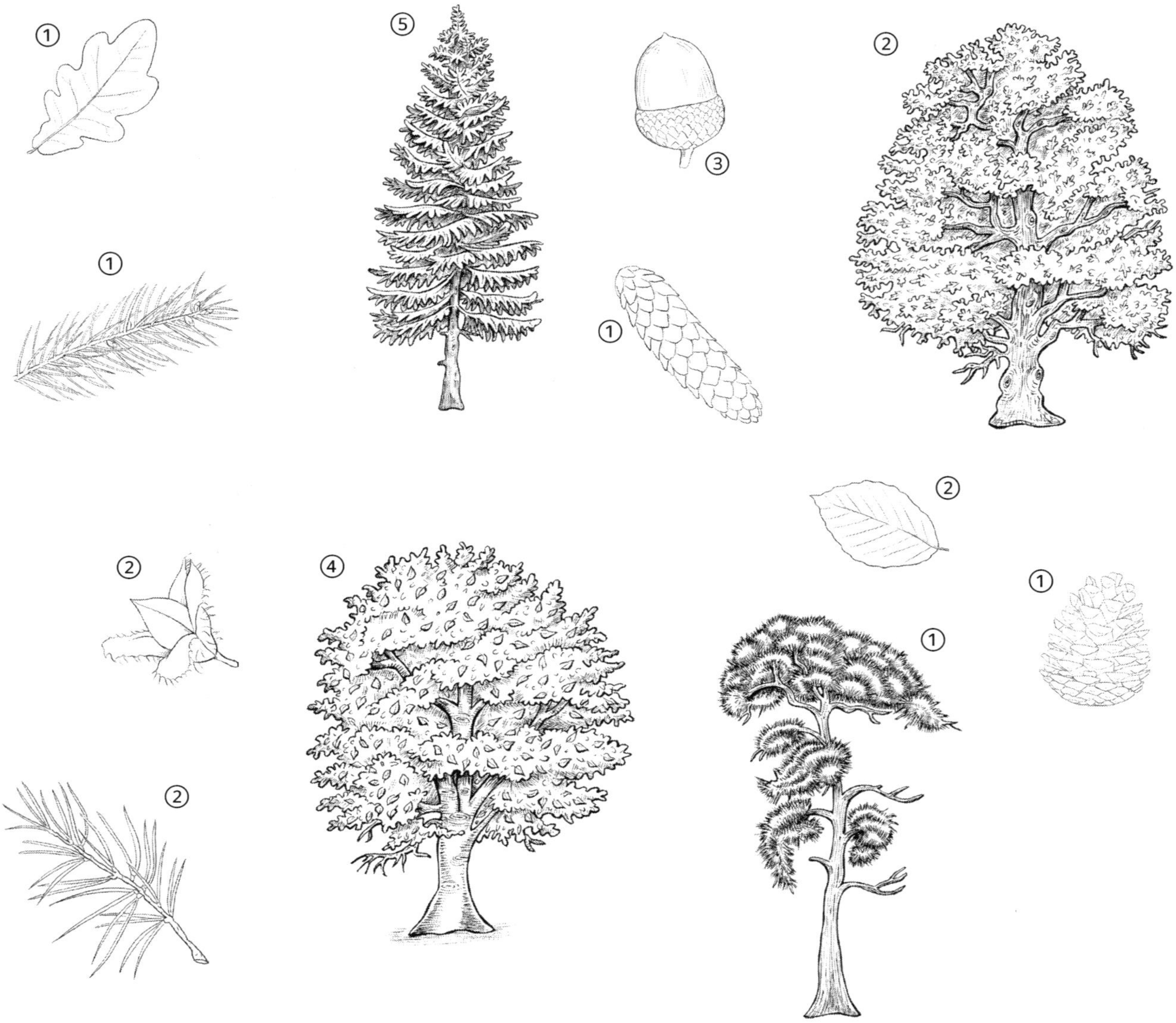

Löst das Rätsel.

Gebt die Zahlen ins Schloss ein.

Mysteriöses Gewitter – Rätsel

Stoffkreislauf/Nahrungspyramide

Über eine weitere Treppe gelangt ihr nun nach ganz oben im Leuchtturm. Draußen tobt noch immer das Gewitter, der Regen prasselt gegen die Scheiben und der tosende Wind heult. Wenn ihr es euch recht überlegt, wollt ihr da gar nicht so unbedingt wieder raus. Aber für immer hier festsitzen, das ist natürlich auch keine Option.

Oben angekommen erwartet euch ein Filmset. An solch einem Set muss alles immer und immer wieder ***rund*** laufen. Angefangen beim ***Produzenten***, der die Fäden in der Hand hat und alles ***erzeugt***. Da habt ihr einiges zu tun, denn Schauspieler, in diesem Fall verschiedene ***Konsumenten, verbrauchen*** eine Menge Energie. Teilt jedem seine Rolle zu und achtet darauf, dass alles in ***Kreisläufen*** läuft. ***Vergesst am Ende nicht zusammenzuzählen.***

Löst das Rätsel.

Konsumenten 1: ②

Produzenten: ①

Das sind Fleischfresser, z. B. Spinnen, Vögel, Frösche. ③

Sie nutzen die Biomasse von Pflanzen und verbrauchen sie zum Aufbau eigener Biomasse. ②

Sie bauen Biomasse ab und geben Mineralstoffe in den Boden frei. ①

Sie nutzen die Biomasse von Tieren und verbrauchen sie zum Aufbau eigener Biomasse. ①

Destruenten: ①

Konsumenten 2 und 3: ④

Durch Fotosynthese bauen sie Biomasse auf. Dafür nutzen sie Lichtenergie und Kohlenstoffdioxid. Außerdem verwenden sie Mineralstoffe aus dem Boden. ③

Das sind Mikroorganismen im Boden, Käfer, Würmer. ①

Das sind Pflanzenfresser, z. B. Raupen, Schmetterlinge, Bienen. ②

Das sind grüne Pflanzenteile, z. B. Blätter, Blütenpflanzen, Gras. ⑤

Gebt die Zahlen ins Schloss ein.

Hinweis für die Lehrkraft: *Die Nachricht abschneiden, zusammenfalten und in den letzten Umschlag oder ein verschlossenes Kästchen legen. Die Nachricht markiert das Spielende.*

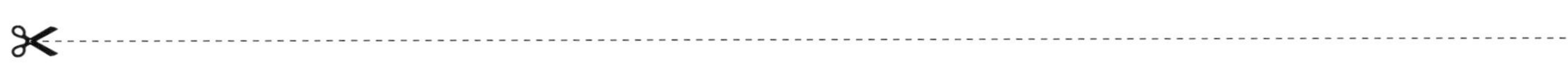

Herzlichen Glückwunsch!

Ihr tretet durch die Tür auf die oberste Plattform des Leuchtturms. Da erkennt ihr, dass das alles nur eine Illusion war. Ihr steht auf einer ebenerdigen Metallplatte. Ihr dreht euch um. Die Tür, aus der ihr gerade gekommen seid, ist auch verschwunden und von dem Gewitter ist auch nichts mehr zu sehen. Ungläubig blickt ihr euch an. Dabei fällt euer Blick auf einen großen Haufen mit euren Jacken. „Das kann doch alles nicht …“, wollt ihr gerade ausrufen, da denkt ihr: „Ach, was soll's, Hauptsache, wir haben es rausgeschafft und das Gewitter ist vorbei.“

Hinweis 1

Immer zwei Bilder sind gleich gerahmt. Die Bilder links geben nach den Stadien der Laubzersetzung sortiert die richtige Reihenfolge vor.

Hinweis 2

Die Bilder mit den Insekten sehen auf den ersten Blick sehr ähnlich aus. Es fehlt aber immer ein anderes Tier und damit auch eine gewisse Anzahl an Beinen.

Hinweis 1

In welchem Stockwerk der genannten Stockwerke des Aufzugs leben diese Tiere?

Hinweis 2

Startet im oberen Stockwerk.

Hinweis 1

Vier Bilder haben den gleichen Rahmen. Bis auf zwei Tiere / Pflanzen können alle einem der vier Tiere als Nahrungsmittel zugeordnet werden.

Hinweis 2

Für die Reihenfolge der Zahlen solltet ihr den kursiven Text auf der Seite noch einmal genau lesen.

Hinweis 1

Immer ein Baum, ein Blatt und eine Frucht gehören zusammen.

Hinweis 2

Ihr müsst die Zahlen der zusammengehörigen Bilder addieren und entsprechend des bekannten 26er-Systems der Bäume nach sortieren.

Hinweis 1

Zu jedem Produzenten, Konsumenten und Destruenten gehören jeweils zwei weitere Kärtchen.

Hinweis 2

Die Zahlen der jeweils zugeordneten Kärtchen müsst ihr addieren. Der Code folgt dem Kreislauf, beginnend bei den Produzenten.

Mysteriöses Gewitter – Lösungen

Rätsel 1 – Laubzersetzung

1. Laubfall: Im Bild fehlt ein Käfer = 6 Beine fehlen.
2. Fensterfraß: Im Bild fehlt eine Schnecke = 0 Beine fehlen.
3. Lochfraß: Im Bild fehlt eine Spinne = 8 Beine fehlen.
4. Skelettfraß: Im Bild fehlt eine Ameise = 6 Beine fehlen.

Zahlencode: | 6 | 0 | 8 | 6 |

Rätsel 2 – Stockwerke des Waldes

(4) Baumschicht: 3. Eichhörnchen

(3) Strauchschicht: 1. Reh

(2) Krautschicht: 4. Fuchs

(1) Moosschicht: 2. Eidechse

(0) Wurzelschicht

Zahlencode: | 3 | 1 | 4 | 2 |

Rätsel 3 – Nahrungsnetz

Eichhörnchen frisst Erdbeere und Buchecker. → 2
Fuchs frisst Eichhörnchen, Buntspecht, Eichelhäher und Maus. → 4
Reh frisst Eichenblatt, Buchecker und Erdbeere. → 3
Uhu frisst Maus, Kohlmeise und Eichhörnchen. → 3

Zahlencode: | 2 | 4 | 3 | 3 |

Rätsel 4 – Bäume des Waldes

Buche (4), Blatt (2), Buchecker (2) = 8
Eiche (2), Blatt (1), Eichel (3) = 6
Kiefer (1), Nadelzweig (2), Zapfen (1) = 4
Tanne (5), Tannenzweig (1), Tannenzapfen (1) = 7

Zahlencode: | 8 | 6 | 4 | 7 |

Rätsel 5 – Stoffkreislauf / Nahrungspyramide

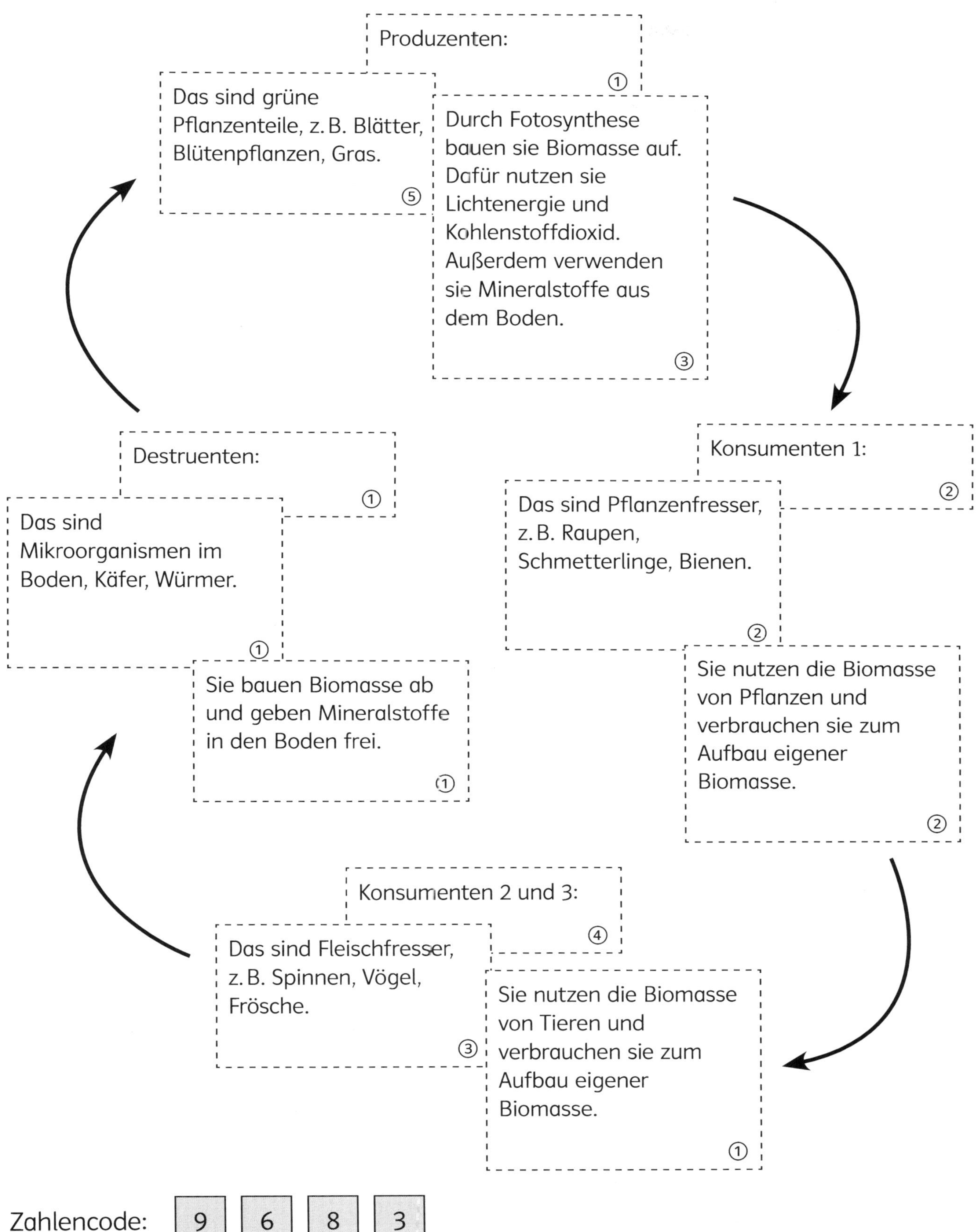

Zahlencode: 9 6 8 3

Geisterzug ins Ungewisse – Einstiegsgeschichte

***Hinweis für die Lehrkraft:** Die Einstiegsgeschichte den Schülerinnen und Schülern zu Beginn des Spiels vorlesen.*

Endlich ist es so weit. Heute fahrt ihr mit der ganzen Klasse in die Landeshauptstadt auf Klassenfahrt. Vor lauter Aufregung konntet ihr kaum schlafen: Habt ihr auch alles eingepackt? Wie wird wohl die Unterkunft sein? Könnt ihr auch mal das machen, was ihr wollt? Wer geht mit euch auf ein Zimmer? Und, und, und ...

Endlich klingelt der Wecker. Sofort springt ihr aus dem Bett, macht euch fertig und schon sitzt ihr im Auto zum Bahnhof. Dick bepackt trefft ihr in die Bahnhofshalle. In kleinen Gruppen steht ihr zusammen und wartet auf die letzten Nachzügler, wie immer dieselben. Eure Lehrkraft holt gerade die Tickets.

In wenigen Minuten geht bereits der Zug. Zusammen eilt ihr alle zum Gleis. Da heute Montag ist, ist viel los. Überall stehen und laufen Menschen herum. Mühsam versucht ihr, euer schweres Gepäck zu ziehen und gleichzeitig schnell hinter den anderen herzukommen. Endlich seid ihr an Gleis 3 angekommen. Hier musstet ihr hin, oder? Ihr schaut euch um. Ah, hinter euch sind noch andere aus eurer Klasse, dann muss es das richtige Gleis sein. Außerdem winkt ein übereifrig wirkender Schaffner in einer äußerst grellen Uniform und ruft: „Hier seid ihr goldrichtig, steigt ein, steigt ein. Wir fahren gleich ab!"

Angestrengt steigt ihr die hohen Treppen des Zugs empor. Als ihr endlich im Abteil angekommen seid, atmet ihr tief durch. Ruckelnd setzt sich der Zug in Bewegung. Mit einem laut „Plumps" lasst ihr euch in einen der Sitze fallen und blickt aus dem Fenster. Da seht ihr, dass euch eure Lehrkraft und einige eurer Mitschülerinnen und Mitschüler wie wild vom Gleis aus zuwinken.

Oh, so ein Mist! Ihr seid mit einer kleinen Gruppe in einen falschen Zug gestiegen. Ihr springt sofort vom Sitz auf und versucht, den aufgedrehten Schaffner zu finden. Während ihr durch den Waggon lauft, bemerkt ihr, dass ihr scheinbar allein im gesamten Zug seid.

Längst habt ihr den Bahnhof verlassen und fahrt auf offener Strecke durch die Landschaft. Irgendwie sieht es draußen aber so gar nicht wie sonst aus. Hier ist doch was faul! Ihr wollt gerade in den nächsten Waggon laufen, da bemerkt ihr zu eurem Entsetzen, dass sich die Tür nicht öffnen lässt. Durch das Fenster seht ihr, dass in den anderen Wagen aber tatsächlich kein anderer Fahrgast zu finden ist. Und vom Schaffner fehlt auch jede Spur.
Da ertönt plötzlich eine Durchsage, die parallel auch auf den Monitoren im Zug zu lesen ist:

Geisterzug ins Ungewisse – Spielbeginn

Hinweis für die Lehrkraft: *Die Nachricht abschneiden, zusammenfalten und den Lernenden am Ende der Einstiegsgeschichte präsentieren. Die Nachricht markiert den Spielbeginn.*

LIEBE REISENDE,

WILLKOMMEN IM NIEMALS ENDENDEN GEISTERZUG INS UNGEWISSE. MEIN NAME IST ROBIN ENDLOS UND ICH BIN IHR SCHAFFNER. ALS INFORMATION FÜR SIE VIELLEICHT WICHTIG ZU WISSEN: SO LANGE NICHT ALLE RÄTSEL AN BORD GELÖST WURDEN, HÄLT DIESER ZUG NICHT AN, SONDERN FÄHRT EWIG WEITER.

SOLLTEN SIE ALLE RÄTSEL LÖSEN KÖNNEN, FÄHRT DER GEISTERZUG SOFORT ZURÜCK IN DEN BAHNHOF UND SIE KÖNNEN AUSSTEIGEN.

PRO WAGGON GIBT ES EIN RÄTSEL ZU LÖSEN. DIE VIERSTELLIGEN ZAHLENCODES ERMÖGLICHEN DAS ÖFFNEN DER SCHLÖSSER, UM VORWÄRTSZUKOMMEN.

SOLLTEN SIE SICH GEGEN DAS LÖSEN DER RÄTSEL ENTSCHEIDEN, LASSEN SIE ES MICH WISSEN UND ICH WERDE SIE ÜBER UNSER UNTERHALTUNGSPROGRAMM UND MENÜ AN BORD AUSFÜHRLICH INFORMIEREN.

EIN ZWEIFACHES TSCHU TSCHU UND AB GEHT DIE WILDE FAHRT!

IHR ROBIN ENDLOS

Nichts wie los! Was könnte ein Rätsel sein? Was ist mit diesem merkwürdigen Gemälde mit dem Titel „Der Weg des Lichts“?

Löst das Rätsel.

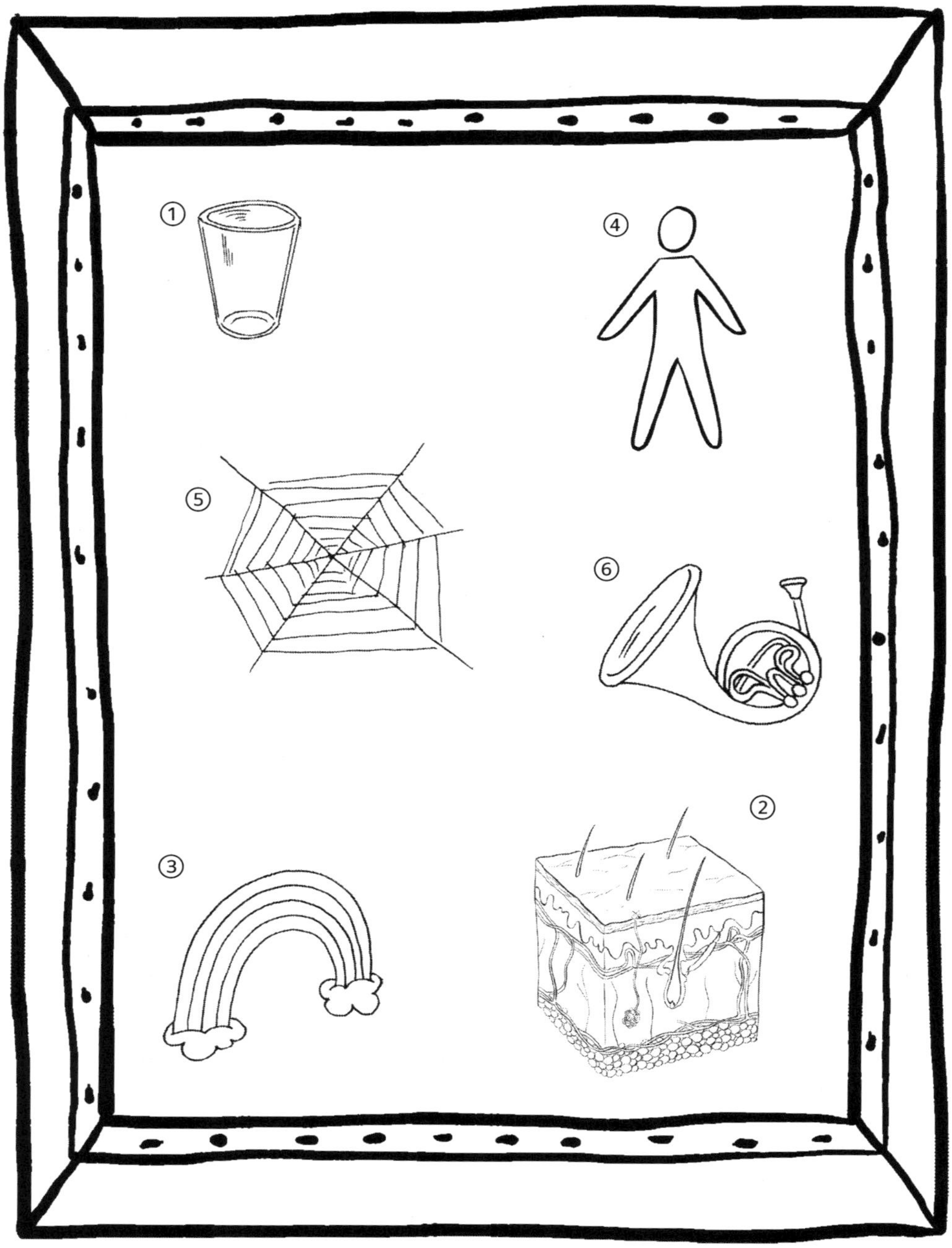

Gebt die Zahlen ins Schloss ein.

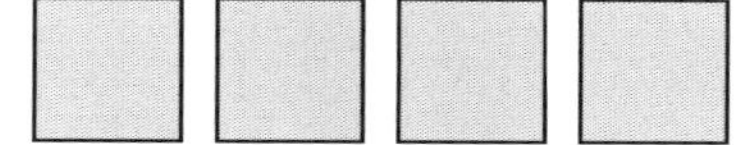

Geisterzug ins Ungewisse – Rätsel

Adaptation und Akkommodation

Das erste Schloss ist aufgesprungen. Nun geht es im zweiten Waggon weiter. Hier findet ihr erst mal nichts, obwohl ihr systematisch von ***nah*** zu ***fern*** und von ***hell*** zu ***dunkel*** sucht.

Da fallen euch Untersetzer mit Namen und Zahlen ins Auge. Das müssen frühere Gäste und die Kosten ihrer Getränke gewesen sein. Ihr schaut euch das genauer an: Das sind aber seltsame Namen – nur Iris kommt euch bekannt vor …

Löst das Rätsel.

Iris
5 €

Ringmuskel schlaff
2 €

Pupille
3 €

Pupille
5 €

Linsen-bänder
1 €

Linse flach
3 €

Linsen-bänder
1 €

Linse abgekugelt
5 €

Ringmuskel zusammen-gezogen
3 €

Iris
5 €

Gebt die Zahlen ins Schloss ein.

Geisterzug ins Ungewisse – Rätsel

Aufbau und Funktion des Auges II

Was war das für ein Durcheinander mit so vielen Kreisen. Zum Glück seid ihr nun im nächsten Waggon, der im Vergleich zu den anderen viel dunkler ist. Die Rollos werfen komische Schatten und unzählige ***Striche*** in den Waggon, da fällt euch auf, dass darauf etwas steht. Ihr bewegt die Rollos von ***gelb*** zu ***blind*** und von ***Farben*** zu ***hell und dunkel***.

Löst das Rätsel.

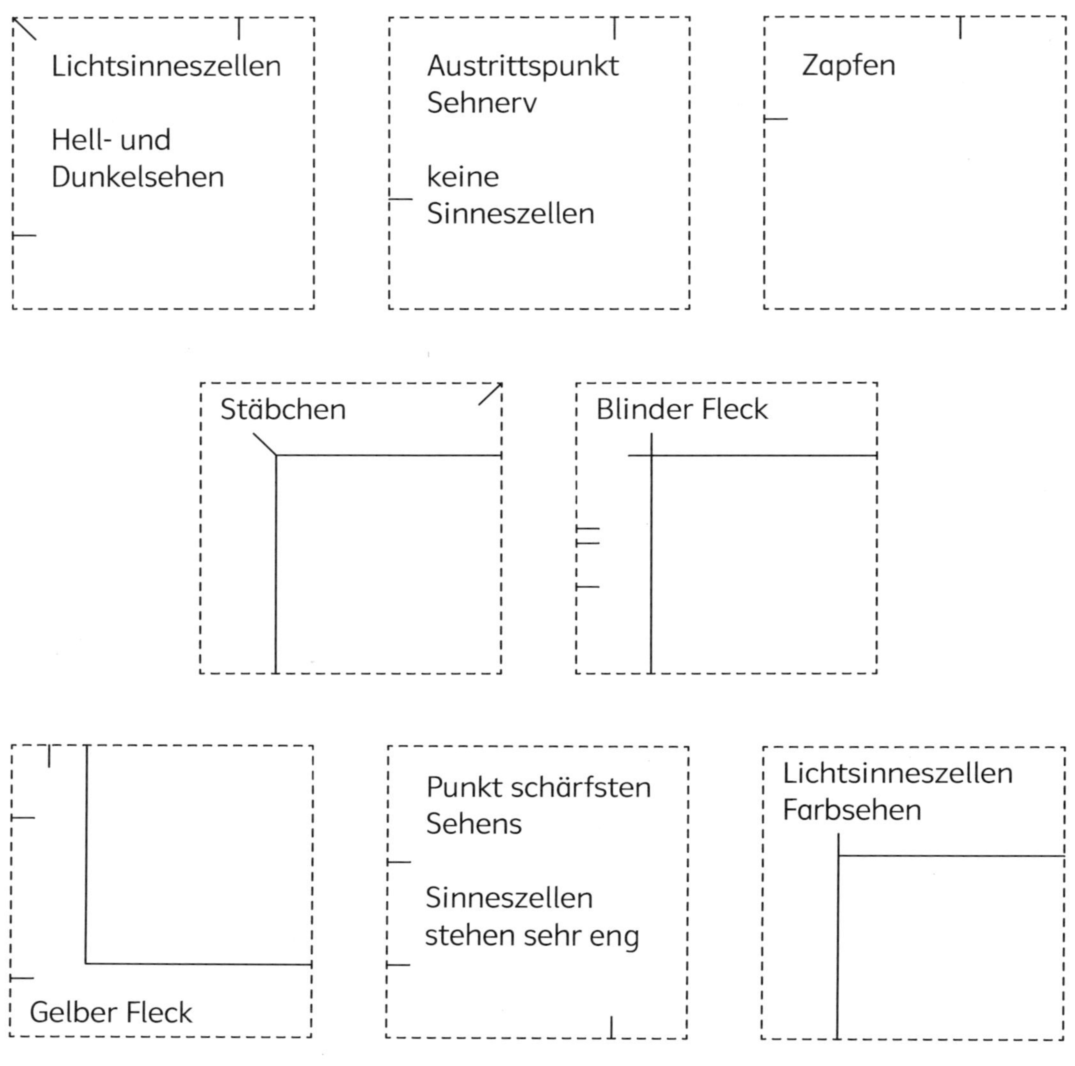

Gebt die Zahlen ins Schloss ein.

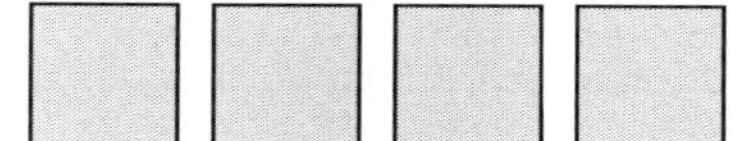

Sehfehler – „Von kurz zu weit, von klein nach groß!“

Das war anspruchsvoll und nur mit Mühe und Not habt ihr es in den vierten Waggon geschafft. Da fällt euer Blick auf eine alte Zeitung:

Löst das Rätsel.

KURZSICHTIGKEIT

WEITSICHTIGKEIT

AUGAPFEL ZU LANG
MAN SIEHT AUF KURZE ENTFERNUNGEN SCHARF

2

AUGAPFEL ZU KURZ
MAN SIEHT AUF WEITE ENTFERNUNGEN SCHARF

Gebt die Zahlen ins Schloss ein.

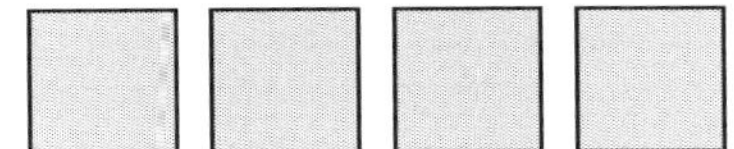

Endlich habt ihr den letzten Waggon erreicht. Ihr findet einen Brief vor:

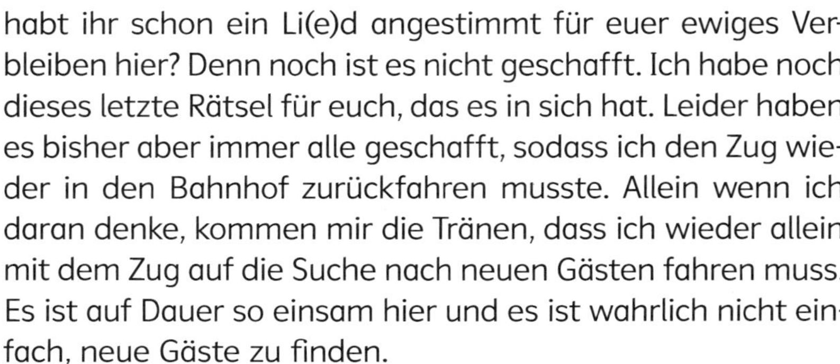

Liebe Rätselnde,

habt ihr schon ein Li(e)d angestimmt für euer ewiges Verbleiben hier? Denn noch ist es nicht geschafft. Ich habe noch dieses letzte Rätsel für euch, das es in sich hat. Leider haben es bisher aber immer alle geschafft, sodass ich den Zug wieder in den Bahnhof zurückfahren musste. Allein wenn ich daran denke, kommen mir die Tränen, dass ich wieder allein mit dem Zug auf die Suche nach neuen Gästen fahren muss. Es ist auf Dauer so einsam hier und es ist wahrlich nicht einfach, neue Gäste zu finden.
Überlegt es euch noch einmal: Wollt ihr nicht hierbleiben? Na ja, ich kann mir schon denken, wie ihr auf meine Frage reagiert. Ihr zieht vermutlich gerade entsetzt die Brauen hoch. Ist es denn wirklich so unerträglich hier, dass man gleich wieder wegmöchte?

Wenn ich ehrlich bin, seid ihr gerade nur noch einen Wimpern(schlag) vom Aufspringen des letzten Schlosses entfernt.

Tschu tschu und liebe Grüße

Euer Schaffner

Löst das Rätsel.

Gebt die Zahlen ins Schloss ein.

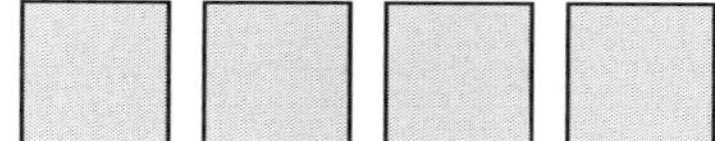

Geisterzug ins Ungewisse – Spielende

Hinweis für die Lehrkraft: *Die Nachricht abschneiden, zusammenfalten und in den letzten Umschlag oder ein verschlossenes Kästchen legen. Die Nachricht markiert das Spielende.*

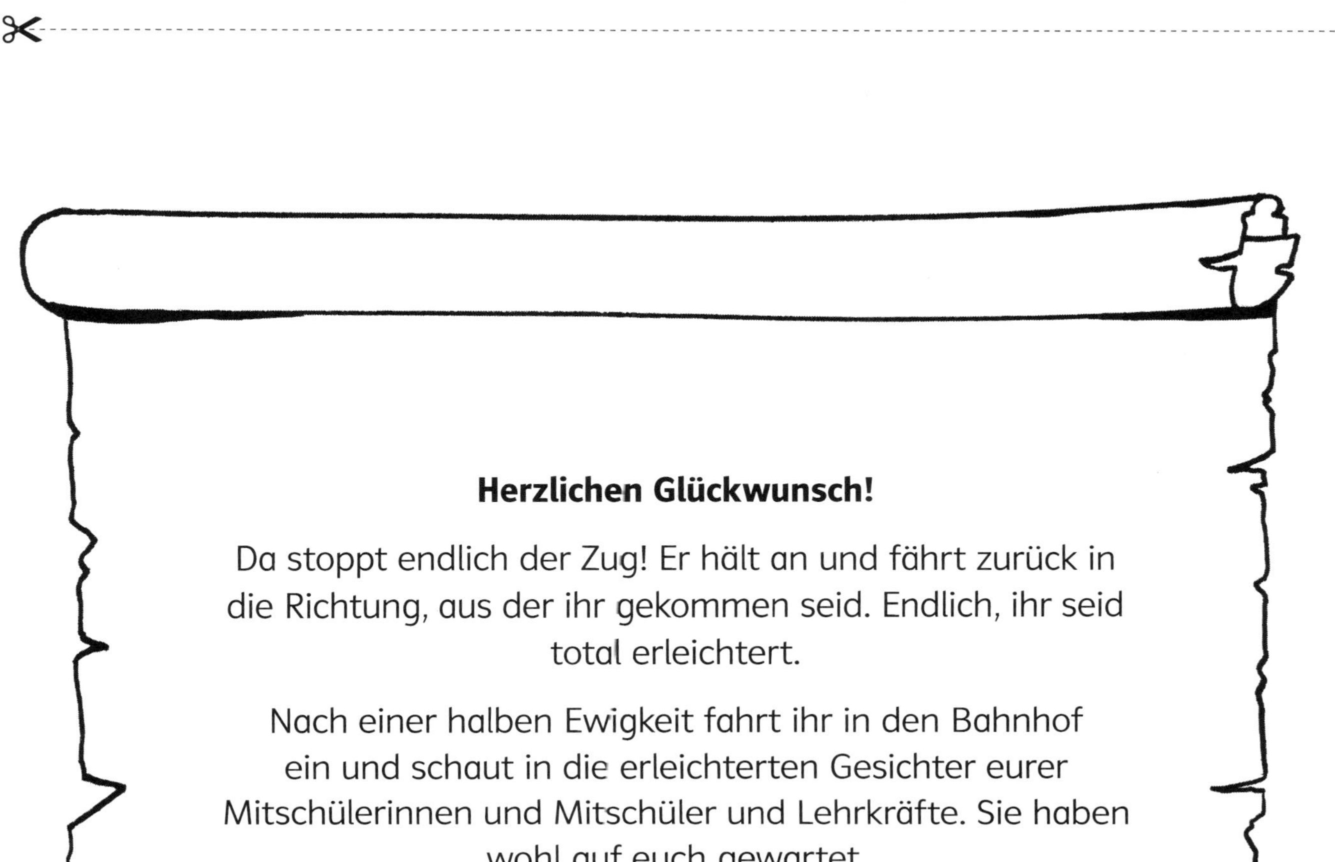

Herzlichen Glückwunsch!

Da stoppt endlich der Zug! Er hält an und fährt zurück in die Richtung, aus der ihr gekommen seid. Endlich, ihr seid total erleichtert.

Nach einer halben Ewigkeit fahrt ihr in den Bahnhof ein und schaut in die erleichterten Gesichter eurer Mitschülerinnen und Mitschüler und Lehrkräfte. Sie haben wohl auf euch gewartet.

Nichts wie raus aus diesem Geisterzug und schnell zu den anderen ans richtige Gleis!

Geisterzug ins Ungewisse – Hinweiskarten

Hinweis 1

Die Bilder müsst ihr in Wörter übersetzen. Zwei zusammen ergeben Begriffe rund um den Aufbau des Auges. Ein Bild wird mehrfach verwendet.

Hinweis 2

Zählt die Zahlen zusammen.
Die Reihenfolge folgt dem Weg des Lichts durch das Auge.

Hinweis 1

Alle Kreise sind Teile des Auges bei Helligkeit und Dunkelheit sowie bei Fern- und Nahsicht. Legt die Kreise passend aufeinander und berechnet die Preise.

Hinweis 2

Achtet für die Reihenfolge des Zahlencodes auf den kursiven Text.
Bei zweistelligen Zahlen die hintere Ziffer nutzen.

Hinweis 1

Immer zwei gehören zueinander und müssen aufeinandergelegt werden.

Hinweis 2

Für die Zahlen und die Reihenfolge der Zahlen lest den kursiven Text noch einmal genau.

Hinweis 1

Schneidet das Stück Papier aus und faltet es an den gepunkteten Linien, wodurch sich Zahlen an der rechten Seite ergeben.

Hinweis 2

Im Titel findet sich die Reihenfolge der Zahlen für den Code.

Hinweis 1

Im Brief sind vier Schutzeinrichtungen des Auges versteckt.

Hinweis 2

Die Anzahl der Buchstaben pro Wort (Ä = AE) ergeben die Zahlen für den Code.

Rätsel 1 – Aufbau und Funktion des Auges I:

Hornhaut: 8 Regenbogenhaut: 5 Glaskörper: 5 Netzhaut: 7

Zahlencode: 8 5 5 7

Rätsel 2 – Adaptation und Akkommodation:

Nahakkommodation: Linse abgekugelt (5), Linsenbänder (1), Ringmuskel zusammengezogen (3) = 9
Fernakkommodation: Linse flach (3), Linsenbänder (1), Ringmuskel schlaff (2) = 6
Hell-Reaktion / helles Licht: Iris (5), Pupille (5) = 10
Dunkel-Reaktion / schwaches Licht: Iris (5), Pupille (3) = 8

Zahlencode: 9 6 0 8

Rätsel 3 – Aufbau und Funktion des Auges II:

1. Zahl: gelber Fleck: 6 Striche
2. Zahl: blinder Fleck: 7 Striche:
3. Zahl: Zapfen: 3 Striche
4. Zahl: Stäbchen: 5 Striche

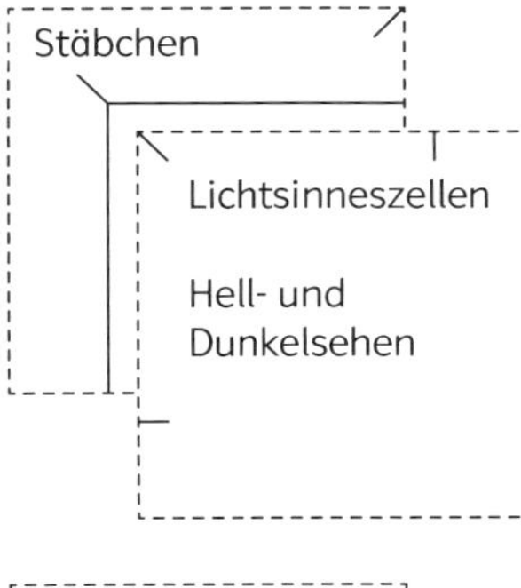

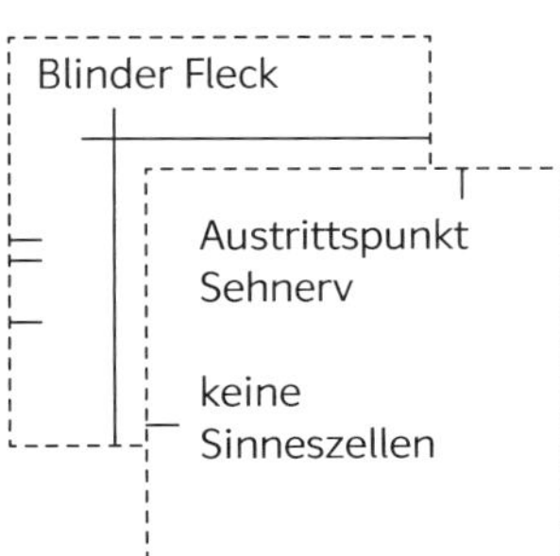

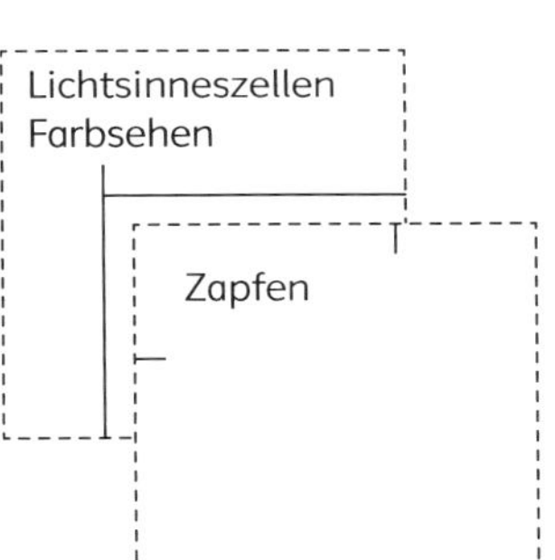

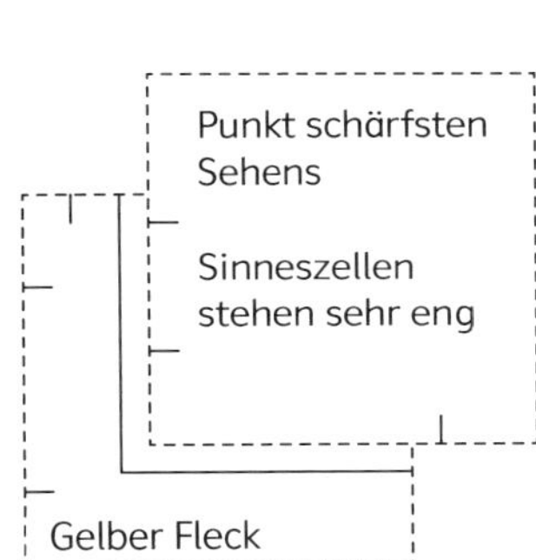

Zahlencode: 6 7 3 5

Rätsel 4 – Sehfehler – „Von kurz zu weit von klein nach groß!":

An den Linien gefaltet ergibt sich inhaltlich zugeordnet nach Kurz- und Weitsichtigkeit folgender

Zahlencode: 2 7 3 5

Rätsel 5 – Schutzeinrichtungen:

Lid – 3, Tränen – 7, Brauen – 6, Wimpernschlag – 7

Zahlencode: 3 7 6 7

URKUNDE
NAME DES TEAMS ODER DES TEILNEHMERS
hat am . .
das EduBreakout
NAME DES BREAKOUTS
erfolgreich gelöst.
BENÖTIGTE TIPPS
ZEIT BIS ZUM ENTKOMMEN
STRAFMINUTEN PRO TIPP
ENDZEIT

Jederzeit optimal vorbereitet in den Unterricht?

»